I am
Lovicher!

I am
Lovicher !

김진한 지음

이 시대에 선생님과 부모님들이
외치는 소리

나를 던지며 가야 할 길
멈추지 않고 가야 할 길
마지막까지 가야 할 길
그리고
외치는 소리

좋은땅

프롤로그

1997년 9월 3일 대학교수가 되었다.

열심히 외길을 달려 지나온 날들을 생각하며 연구실에 앉을 때마다 밀려오는 행복감에 젖어 들곤 했다. 그렇게 한 학기가 끝날 무렵 예상 치 못한 한 통의 전화를 받았다. IMF로 생긴 실업자들에게 다시 일어설 용기와 재활을 위한 교양강좌를 맡아달라는 전화였다.

강의 첫날, 강의실의 광경은 그야말로 침울함과 고개 숙임 그 자체였 다. 말문을 열었지만 아무도 내 얼굴을 보려고 하지 않았다. '아! 이래 서 이 강의가 나에게까지 왔구나!' 순간 형식적인 강의 내용을 접어야 겠다고 생각했다. 그냥 내가 살면서 겪었던 절박했던 순간과 초등학교 교사에서 대학교수가 되기까지 치열했던 삶의 과정을 담담하게 이야기 하기 시작했다. 어느 순간 사람들이 나를 보고 있다는 것을 느끼게 되 었고 그들의 눈빛이 보이기 시작했다. 나의 진실된 고백의 눈물을 그들 이 보고 있었고 나도 그들이 속으로 울고 있음을 보았다. 서로가 감동 한 강의였고 평생 잊지 못할 강의였다.

나눔과 베풂을 생각했다. 여태까지 살아온 교직에서의 삶의 경험을 나누어야겠다고 생각했다. 학교에는 미래의 꿈과 비전을 갖지 못하고 허둥대는 학생들이 많았다. 체육대학의 특성 때문에 운동 특기생들은 졸업 후 체육교사가 되는 것이 큰 꿈 중의 하나이지만 감히 도전할 엄두를 내지 못하고 있었다. 운동하는 것에는 익숙했지만 공부하는 것은 두려웠기 때문이다. 그들은 임용고사에 합격하여 교사가 되는 것은 불가능한 일이고 무모한 도전이라고 생각했다. 1999년 4월 동아리방을 만들기 위해 교내에 게시한 공고를 보고 찾아온 학생은 10여 명에 불과했다. 그들을 붙잡고 IMF 강의 때와 같이 나의 삶을 얘기했다. 기적은 만들 수 있는 것이라고 그들을 설득했다. 그들의 마음이 움직이기 시작했다.

새벽 6시부터 저녁 10시까지 함께 공부하기 시작했다. 매일 새벽 동아리방에서 미팅 시간으로 하루를 시작했다. 할 수 있다는 자신감과 용기를 가지기 위한 시간이었다. 공부해야 하는 이유와 분명한 목표를 상기시켰다. 그때 제시한 꿈과 목표가 Lovicher이다. 임용고사는 교사가 되기 위해 거쳐야 할 과정에 불과하고 Lovicher가 되는 것이 공부하는 진정한 목적이고 삶의 목표가 되어야 한다고 강조했다.

학생들의 가슴에 Lovicher라는 꿈이 분명하게 새겨지면서 학생들의 태도가 달라졌다. 새벽 동아리방의 작은 칠판에 자주 쓴 글이 "Don't be afraid, I will be with you."와 "To the Great Lovicher."였다. 두려워 말고 위대한 Lovicher가 되기 위해 달려가자고 서로를 격려하며 하루를 시작했다. 새벽부터 늦은 밤까지 학생들이 꿈을 꾸며 달려가는 모습을 보며 어깨를 두드려 주고 격려했다.

놀라운 기적이 일어났다. 그해 12월 중등 임용고사에 2명의 재학생이 합격한 것이다. 합격한 그들도 놀라고 나도 놀랐다. 이듬해부터 학생들이 몰려와서 열심히 공부하였고 합격하기 시작했다. 그들에게 두려움이 사라지고 Lovicher라는 큰 꿈이 가슴에 자라면서 인내와 지구력으로 무장된 운동선수의 정신력과 축적된 체력이 기적 같은 일을 만들어 가고 있었다.

Lovicher란 Loving Teacher라는 말을 의도적으로 줄여선 만든 조어이다. Lovicher에는 아이들을 사랑하는 마음으로 나눔과 베풂을 실천하는 선생님이라는 의미와 선생님이라는 직업을 사랑하는 사람이라는 두 가지 의미를 담았다. 평범한 의미를 내포하고 있지만 Lovicher가 된다는 실천적 목표가 결코 쉬운 것은 아니기에 교사가 된 이후에도 Lovicher가 되기 위해 다양한 노력을 하기 시작했다.

작은 나눔을 실천하기 위해 Lovicher 창단 10주년 기념으로 겨울방학에 제자들과 네팔의 히말라야 오지의 학교를 돕고 Great Lovicher의 꿈을 가슴에 담는다는 의미를 생각하며 Everest Base Camp를 다녀왔다. 20주년을 기념하여 2019년과 2020년 겨울방학에는 제자들과 네팔의 오지 학교의 화장실과 급수시설, 컴퓨터와 체육 용구, 학용품 등을 제공하고 Annapurna Base Camp를 다녀왔다. 코로나 팬데믹이 시작된 2020년 1학기부터 지금까지 현직교사들이 추천한 학생들에게 장학

금을 지급하며 격려하고 있다.

이 책은 선생님을 위한 책이다. 동시에 부모님을 위한 책이다. 무너지고 있는 교실에서 사명감 하나로 버티며 고뇌하고 있는 선생님들에게 아이들을 구해 낼 힘과 용기를 주기 위한 것이다. 아울러 부모는 세상에서 가장 큰 영향력을 끼치는 선생님과 같은 존재이기에 Lovicher의 정신과 삶을 통해 자녀를 교육하는 방법을 알아 갈 수 있을 것이다.

저자는 42년 동안 초등학교 교사와 고등학교 교사를 거쳐 교육학을 전공한 대학교수로서 체득한 교육적 경험을 통해 아이들을 이해하고 가르치는 선생님의 역할을 생각해 보았다. 이 책에는 1999년부터 정년 퇴임하는 날까지 새벽마다 동아리방 칠판에 격려와 용기를 주는 글을 썼던 습관과 마음을 담았다. 퇴임 후에도 밴드에 매주 월요일 아침 글을 올려서 현장에서 아이들을 가르치는 Lovicher를 위한 글을 써 왔는데 코로나가 덮친 암울한 학교의 현장을 보며 Lovicher 정신이 더 필요하다는 생각에서 밴드에 올린 글들을 정리했다.

이 책은 전적으로 작은 나눔의 정신으로 출판되었다. 책은 필요한 사람들을 위해 나누며, 수익 및 기부금은 네팔의 가난한 오지 학교를 돕는 기금으로 사용될 것이다. 특별히 최근 교권 추락으로 인한 비극적 사건을 아파하며, 지금도 Lovicher 정신으로 최선을 다하고 있는 선생님들께 감사와 함께 이 책을 바친다. 무엇보다 모든 Lovicher 동지들에게 감사하며 함께 출간의 기쁨을 나눈다.

아울러 이 일을 위해 기꺼이 삽화를 그리며 동참해 주신 이지연 선생님께도 감사를 드린다. 귀한 작품이지만 나눔을 위해 흔쾌히 기부하겠다는 선생님의 소중한 마음이 이 책을 더욱 빛나게 하리라 믿는다.

2023. 12. 한 해가 저무는 날에

김진환

목 차

 # 2020년

II 2021년

III 2022년

IV 2023년

I. 2020년

암울한 상황에서도

나를 던지며 가야 할 길

Lovicher

미소와 격려의 점화 효과(Priming effect)

코로나의 암울함 속에서도 오랜만에 학교가 아이들로 붐비는 모습을 보는 것이 얼마나 기쁜 일인가? 오늘 대한민국의 모든 학교가 다시 개학을 하는 첫날이다. 아직은 두려움과 긴장의 끈이 길게 드리워져 있지만 길고 긴 어두움의 시간을 벗어나 서로를 볼 수 있는 기쁨을 맛보는 날이다. 이제 곧 모두가 마스크를 벗고 마음껏 웃고 떠들 수 있는 날이 오게 되리라 믿으며 속히 그날이 오길 기원해 본다.

점화 효과(Priming effect)는 시간적으로 먼저 제시된 자극이 나중에 제시된 자극의 처리에 긍정적 혹은 부정적 영향을 미치는 현상을 말한다. 미국의 심리학자 존 바거(John Bargh)가 실험을 통해 밝힌 이론으로 사람은 먼저 무엇을 보고 느끼며 인식하느냐에 따라 다음에 접하는 정보를 해석하고 이해하려고 하고 이러한 정보의 해석은 생각과 행동으로 연결되고 삶에 영향을 미친다고 한다.

아침에 선생님의 밝고 명랑한 인사와 활기찬 모습은 학생에게 그날의 삶에 밝고 긍정적 행동을 촉발시키는 긍정적 점화 효과의 결과로 나타날 수 있다. 비록 마스크로 가려 있어도 우리의 눈에서 나타나는 미소와 밝고 긍정적인 언어와 행동은 학생들의 긍정적 행동을 촉발하는 불쏘시개가 될 수 있다. 날마다 아이들을 반갑게 만나며 웃음을 선물하자. 교실과 운동장에서 아이들을 만날 때마다 그들이 선생님의 미소를 볼 수 있도록 내 마음의 불쏘시개에 먼저 웃음과 기쁨의 불길을 점화하자. 비록 온 세상이 불안과 두려움의 안개에 휩싸여 있지만 학교에서는 밝고 즐거운 긍정적 점화가 이어지길 소망해 본다.

　아침에 만나는 선생님의 환한 미소와 따뜻한 격려의 말 한마디는 우울한 시대를 사는 아이들에게 큰 기쁨과 행복의 불쏘시개가 될 수 있다. Lovicher는 웃음과 격려의 말로 하루를 시작하는 사랑의 불쏘시개이다. 환한 웃음의 Lovicher가 교실과 학교에 넘쳐날 때 코로나의 어두움은 사라지고 희망과 회복의 빛이 가득할 수 있으리라 믿는다.

2020. 6. 8.

웃음과 격려로 행복의 불쏘시개가 되는 Lovicher를 소망하며

하루의 삶에서 5분이 주는 의미

 코로나도 반갑지 않은데 폭염까지 와서 인사를 하는 6월의 아침이다. 지금 우리에게 닥친 모든 상황은 우리가 결정하는 것이 아니다. 하지만 상황을 보는 시각은 우리가 결정한다. 지금의 이 답답한 상황이 어떻게 흘러가든지 우리의 시각에 따라 상황을 대처하는 행동은 달라진다. 어떤 일이 닥치든지 바람직한 삶의 자세는 상황을 극복하려는 긍정적 자세이다.

 18세기 세계적인 러시아의 문호 토스토엡스키는 반역죄로 총살형을 당하기 직전 마지막으로 주어진 5분의 시간에 함께 죽는 동료를 위해 기도하고 그동안의 삶에 감사하는 기도를 드리기로 했다. 교회 종탑의 구름 사이로 비치는 햇빛을 보고 다시 산다면 최후의 일각까지 5분이라도 소중하게 생각하며 살겠다고 다짐했다. 그 순간 황제의 특사에 의해 총살을 면하고 시베리아 유배형으로 감형을 받는다. 그는 혹독한 추위의 시베리아 유배지에서 유명한《죄와 벌》,《카라마조프의 형제》등과 같은 소설을 구상하고 남은 그의 삶에서 5분의 소중함을 평생 동안 실천하며 살았다. 세계적인 기업 테슬라의 일론 머스크도 모든 시간을 5분 단위로 분산하여 사용하며 전기자동차와 우주선을 포함한 기상천외한 일들을 계획하고 실천하는 놀라운 일을 하고 있다.

 코로나 상황은 우리의 선택이 아니다. 하지만 이 상황을 어떻게 보며 살아가느냐 하는 것은 우리의 선택이다. 이 답답한 순간에도 매일의 삶에서 순간순간을 최후의 5분이라는 생각으로 감사하는 마음으로 최선을 다하여 살아간다면 우리의 삶은 더욱 풍성하게 되리라 생각한다. Lovicher는 삶에서 시간을 생명처럼 소중하게 생각하며 사는 사람이다. 매일의 삶에서 마지막 5분을 생각하며 아이들을 격려하며 사랑으로 채우는 삶을 사는 사람이 Lovicher이다.

2020. 6. 2.
매일 5분간 사랑과 감사로 채우는 Lovicher가 되길 소망하며

마음의 눈으로 보는 보이지 않는 세상

'보이는 것보다 보이지 않는 것이 더 가치 있다.'는 플라톤의 사상은 세상을 이해하는 하나의 관점이 된다. 우리는 눈에 보이는 것들과 느껴지는 감각을 통해 세상을 이해하는 데 익숙하다. 그러기에 눈에 보이는 것에 사로잡혀 당장 나를 불편하게 하는 모든 것들 때문에 삶이 고단하다. 아이들의 눈빛에서 보이지 않는 그들의 고민과 갈등의 이면을 보지 못하면 그들을 이해하지 못하고 마음으로 가까이 다가가지 못한다. 때로는 친구의 터무니없는 말과 행동 때문에 입은 마음의 상처를 지우느라 전전긍긍하며 아파한다. 우리는 늘 보이는 것에 집중하기에 보이지 않는 것을 해석하거나 보려고 하지 않는다. 말썽장이 아이의 눈빛에 숨겨진 아픔과 상처를 보지 못하고 그들의 언행에 가린 고통을 보지 못하기에 오히려 우리가 불행하다.

보이지 않는 것은 진실이지만 마음의 눈을 열지 않으면 볼 수 없다. 반대로 보이는 것은 직접적이고 강렬하지만 내면의 진실은 가리워져 있다. 사랑은 보이지 않지만 진실된 것이고 가치로운 것이다. 사랑과 배려의 마음이 있다면 다른 사람의 진실을 볼 수 있는 마음의 눈을 가진 것과 같다. 마음의 눈의 상태가 모든 것의 가치를 볼 수 있는 척도가 된다. Lovicher는 내면의 진실을 보려는 마음의 눈을 가진 사람이다. 마음의 눈으로 아이들을 보며 그들의 아픔과 진실을 이해하려고 끝없이 노력하는 사람이 Lovicher이다.

2020. 7. 6.

마음의 눈으로 세상을 보는 Lovicher가 되길 소망하며

특별한 날들의 주인공

사는 날들이 생각지도 않게 흘러가고 있을지라도
한 날 한 날이 난생처음인 것처럼
어리둥절하며 허둥대며 살아가지 말자

어처구니없이 소모되는 날들이 이어질지라도
어제와 다른 오늘을 기대하며 겸허한 자세로
새로운 날들을 감사함으로 맞이하자

오늘은
오늘에게만 주어지는 특별한 의미가 있는 날이며
삶의 날들 중 가장 중요한 한 날로 새겨질 수 있다

그 누군가에게는 운명적인 만남의 날이 될 수 있고
선한 눈빛으로 희망의 길을 볼 수 있는 날이 될 수 있으며
환한 웃음으로 심장이 뛰는 환희의 날이 될 수 있으리라

오늘은 가고 내일이 또 오겠지만
오늘을 위해 지나가는 날들을 정성껏 매만지며

마음의 행주로 의미의 자국들이 반짝이도록 닦고 또 닦자

우리 모두
이 하루하루가 가져올 놀라운 기적을 기대하며
사랑의 샘물을 퍼 나르는 특별한 날의 주인공이 되자

그리하여
어두움이 물러가는 그 어느 날에
Lovicher의 꿈이 이루어지는 기적의 날을 맞이하자

2020. 7. 13.
특별한 날의 주인공인 Lovicher가 되길 소망하며

무능의 심리적 장애를 극복하는 도움의 손길

며칠 사이에 가을이 훌쩍 다가왔다. 이번 주부터 학교가 다시 문을 열고 아이들의 등교가 시작되는 학교가 많으리라 생각한다. 이 어려운 시간의 종말도 겨울이 가면 반드시 봄이 오듯이 어느 순간 기적처럼 오리라 믿는다.

사람들은 자신을 타인과 비교하는 순간 자신의 부족한 부분이 부각되어 상대적으로 더 무능하다는 부정적 심리에서 빠져들기 쉽다. 비교의 늪에서 빠지며 무능이라는 심리적 장애에 허우적대는 것이다. '왜 나는 저 애처럼 공부를 잘하지 못할까?' '왜 나는 저 애처럼 축구를 잘하지 못할까?' '왜 나는?'이라는 질문은 비교의 늪에서 무능의 부정적 심리에 빠지게 한다. 이는 무능이라는 부정적 심리에 의한 일종의 장애 상태이다. 이러한 무능의 장애에서 벗어나는 것은 누군가의 도움에 의해 가능하며 누군가의 도움이 장애를 극복하는 적합한 치료제이다. 긍정적 도움이 부정을 몰아내는 강력한 힘이라는 것을 어느 심리학자의 경험담에서 확인할 수 있다.

"빈민가에서 학대를 받았어도 잘된 친구들이 있어요. 연구 결과를 보면 공통점이 있어요. 그 아이의 입장을 무조건 이해해 주고 사랑해 주는 어른이 적어도 그 아이 일생 중에 한 명은 있었어요. 이모든, 할머니든, 선생님이나 옆집 아줌마라도 말이지요. 자신을 믿어 주고 대가 없는 선의를 베풀어 준 누군가가 자존의 등불이 된 거죠. 촛불이 어둠을 밝히고 햇볕이 옷을 벗기듯 긍정이 오면 부정이 없어져요."

긍정적 도움이 부정의 심리적 장애를 몰아내는 가장 강력한 힘이다. 우리 모두와 마찬가지로 우리가 만나는 학생들도 어느 한 부분에 무능의 심리적 장애를 안고 있을지 모른다.

Lovicher는 긍정의 말과 배려로 무능과 부정의 심리적 장애를 극복할 수 있도록 도와주는 사람이다. 경쟁과 비교의 늪에 빠진 아이들에게 필요한 것은 무능의 장애를 극복할 수 있도록 힘을 주는 사람이다. Lovicher는 그 순간 배려와 격려로 부축하며 일어설 힘을 주는 사람이다.

2020. 9. 14.
무능의 심리적 장애를 극복하도록 도움을 주는
Lovicher가 되길 소망하며

삶의 목적은 목적 있는 삶을 사는 것이다

(The purpose of life is the life of purpose)

추석을 앞둔 가을날이다. 최근 박진영의 에세이집 《무엇을 위해 살죠?》라는 책을 읽었다. 박진영의 성공스토리보다 특이한 그의 삶의 이력 때문에 흥미롭게 읽었다. 최근의 박진영은 옛날의 박진영과는 완전히 다른 사람이었다. 그의 표현처럼 '딴따라'라는 단어의 질적 수준을 높인 장본인이다. 종교적인 신념의 영향이 크지만 인간적인 면에서 그는 분명 많은 사람들에게 충격적인 변화의 삶을 살고 있음을 알 수 있다. 그것은 그의 고백처럼 그가 목적을 위한 삶을 사는 사람이기 때문이었다.

수많은 사람들이 목적 있는 삶의 중요성을 이야기 하고 있다. 닉 워렌은 《목적이 이끄는 삶》이란 책에서 목적을 이끄는 삶이 인간의 존재적 이유와 가치를 추구하는 삶이라고 말한다. 참된 삶의 목적을 위해 고뇌하며 사는 삶이야말로 가치 있는 삶일 것이다. 세상이 어둡고 절망적일수록 허황된 욕망의 파도에 목적을 잃기 쉽기에 참된 목적이 이끄는 삶을 사는 성찰과 지혜가 필요하다. 삶의 목적은 목적 있는 삶을 사는 것이다.

박진영의 삶의 목적은 「존경받는 삶」이다. 그는 자서전에서 "멋진 말을 하긴 쉽다. 그러나 멋진 삶을 사는 것은 어렵다."라고 말한다. 그의 삶의 목적은 「JYP」의 CEO를 통해 존경받는 삶을 사는 것이다. 그러기 위해 크리스천으로 성실하고 진실되며 겸손하게 가치를 추구하는 삶을 사는 것은 당연한 것이었다. 종교적인 신념을 떠나 그의 삶의 습관은 무서울 정도로 성실하고 진실한 삶을 위해 하루의 삶과 일주일의 삶, 그리고 죽음을 생각하며 무엇을 위해 살 것인가에 몰두하고 있다. 그는 자신 있게 진실을 위해 존경받는 삶을 사는 자신의 삶을 떳떳하게 공개할 수 있다고 말한다. 좋은 삶의 습관과 목적이 있는 사람의 무서운 자신감이다.

날마다 목적이 있는 삶을 사는 것은 쉽지 않지만 목적이 없으면 시간을 허비하기 쉽다. 목적이 있는 삶을 사는 사람처럼 무서운 힘을 가진 사람은 없다. 가치 있는 목적을 추구하는 삶을 사는 것은 이미 성공적인 하루하루를 사는 것이다. Lovicher는 Lovicher라는 가치 있는 목적의 삶을 사는 사람이다. Lovicher는 가치 있는 목적이며 Lovicher가 되기 위한 삶은 목적이 있는 삶이다.

2020. 9. 28.
목적 있는 Lovicher의 삶을 살기를 소망하며

미소로 위로와 희망의 바이러스가 되어

날씨가 갑자기 쌀쌀해지는 아침이다. 이번 주부터 학생들을 더 자주 볼 수 있게 되어 다행이다. 하지만 답답한 상황은 여전하리라 생각한다. 민족의 선구자이신 도산 안창호 선생님은 암울했던 일제 식민지하의 백성들에게 다음과 같이 말하였다. "훈훈한 마음으로 남에게 베풀기를 즐기며 항상 웃는 얼굴로 서로에게 위로와 기쁨이 되게 하자." 나라를 빼앗기고 핍박과 고난의 절망적인 시절이지만 남에게 베풀 수 있는 따뜻하고 훈훈한 마음과 그 마음에서 나오는 웃음기를 머금은 얼굴은 서로에게 큰 위로와 용기가 되었다.

우리에게 이러한 위로와 용기를 줄 수 있는 힘이 필요하다. 비록 우리의 얼굴 표정이 서로 마스크로 가려져 있지만 아이들에게 베풀기를 즐기는 훈훈한 마음이 있다면 숨길 수 없는 마음의 미소가 보이지 않는 바이러스처럼 위로와 용기가 되어 번져 나가리라 생각한다. 이 암울한 시절에 Lovicher는 훈훈한 마음으로 희망의 바이러스를 퍼뜨려야 한다. 이 한 주간 훈훈한 마음에서 우러나는 미소로 위로와 용기의 바이러스를 퍼뜨리자. Lovicher는 미소와 희망과 용기의 Super Virus가 되는 사람이다.

2020. 10. 5.

훈훈한 미소로 위로와 희망의 Lovicher가 되길 소망하며

우공이산(愚公移山)의 정성으로

세상은 아직도 어둡지만 하늘은 쾌청하다. 주말에 우공이산(愚公移山: 어리석은 사람이 산을 옮긴다)을 실감할 수 있는 이야기에 감동했다. 평생 동안 새벽 4시에 기상하여 첫차 타고 출근하며 성실하게 살아온 백순삼 씨의 「매미성」 이야기이다. 거제도에서 17년 동안 돌 2만 개를 손수 날라서 바닷가에 아름다운 「매미성」을 쌓았다는 이야기의 주인공이다. 오직 한길을 파는 성실함으로 노력한 결과이다.

"새벽에 첫차를 타며 오늘 할 일을 머릿속으로 그려 봐요. 그렇게 즐거울 수가 없어요. 실제 계획된 그 일을 했을 때 느끼는 성취감은 그 사람밖에 못 느껴요. 다른 것과 바꿀 수 없습니다."

우직할 정도의 목적의식과 성실함이 아니면 도저히 이룰 수 없는 성취감이다. 성공을 위한 가장 귀중한 덕목이 있다면 바로 성실함이다. 성실함은 좋은 습관에서 나오는 삶의 자세이고 좋은 습관은 분명한 목적의식에 의해 형성되어 진다. 백순삼씨의 「매미성」 이야기를 통해 다시 한번 우공이산(愚公移山)의 의미를 되새기며 Lovicher의 삶을 생각해 본다.

Lovicher는 우공(愚公)이다. 그의 삶은 우공이산(愚公移山)의 삶이다. Lovicher는 성실함으로 아이들의 마음을 열기 위해 끝없이 관심과 배려의 돌을 쌓아가는 사람이다. 그 누구도 질주하는 아이들의 일탈을 한순간에 멈추게 할 수 없다. 그것은 거의 불가능에 도전하는 것처럼 힘든 일이다. 하지만 우공의 정신으로 사랑의 성을 쌓아 나가면 언젠가는 그 일탈의 속도를 늦추거나 방향을 바꿀 수 있다. Lovicher는 어리석을 정도의 성실함으로 아이들에게 관심과 배려의 돌을 쌓으며 교실에 사랑의 매미성을 세우는 사람이다.

2020. 10. 12. 아침에
우공이산의 성실함으로 사랑의 매미성을 쌓길 소망하며

스윙바이(swing-by) 항법

단풍이 익어가는 소리가 들리는 것 같은 가을날이다. 스윙바이(swing-by)는 우주선이 적은 동력으로 장기간에 걸쳐 장거리의 우주공간을 항해하고자 할 때 행성에 접근하여 행성의 중력의 힘을 활용하여 우주선의 속도를 증가시키거나 감소시키며 추진력을 확보하는 우주항법이다. 간단히 생각하면 우주선이 행성이 가진 중력의 도움으로 우주를 항해하는 방법이라고 할 수 있다.

우리의 삶에서도 스윙바이(swing-by) 항법이 필요하다. 특별히 학창 시절 스스로 어떻게 할 수 없을 정도로 힘이 소진되어 갈 때 선생님을 통하여 스윙바이(swing-by) 항법의 추진력을 얻을 수 있다면 얼마나 좋을까? 선생님이 중력의 힘을 발휘하듯이 지친 학생들에게 스윙바이(swing-by) 할 수 있는 존재가 된다면 학생들은 학창 시절의 항해를 힘차게 해 나갈 수 있으리라 생각한다.

Lovicher는 변하지 않는 중력의 힘으로 아이들의 삶을 위한 추진력에 도움을 주는 사람이다. 우리가 진정한 Lovicher 모습으로 교단에 서 있을 때 아이들은 스윙바이(swing-by)의 항법으로 무한한 추진력을 얻을 수 있으리라.

2020. 10. 19.
스윙바이(swing-by)의 추진력을 줄 수 있는 Lovicher가 되길 소망하며

날마다 Vincero!를 외치며

이번 주 토요일은 합격을 간절하게 바라는 교사 지망생들이 임용고사 1차 시험을 치르는 날이다.

'I will win(나 반드시 승리하리라).'

간단하지만 절실한 이 한마디 말은 시험을 앞둔 사람들이 마음속으로 다짐하며 간절하게 바라는 소망의 외침일 것이다.

푸치니의 오페라 〈투란도트(Turandot)〉 중에 나오는 아리아 '네순도르마(Nessun Dorma - 누구도 잠 못 이루리)'의 마지막 소절에 '빈체로(Vincero)'라는 가사가 나온다. 이 말의 의미가 바로 'I will win'이다. '빈체로'는 오페라 아리아에서 잔혹할 정도로 차가운 감정을 가진 투란도트 공주의 생명을 담보로 낸 문제를 푼 카라프가 외치는 고백이다. 투란도트 공주는 카라프의 이름을 알아내기 위해 모든 백성들을 잠 못 이루게 했지만 결국 문제의 답은 사랑으로 귀결된다. 오페라의 마지막 부분에서 죽음에 맞서는 강인함의 실체도 사랑이고, 승리의 비결도 사랑이며 목숨이 달린 칼리프의 이름도 결국에는 사랑이라는 의미라고 노래한다.

우리의 삶에서도 도무지 예상하지 못하고 답을 찾기 어려운 문제로 잠 못 이루며 끙끙거리는 상황이 올 때 우리가 스스로를 위해 외쳐야 하는 말이 있다.

Vincero!

교실에는 아이들에 의해 만들어지는 수수께끼 문제가 널려 있다. 쉽게 풀 수 있는 간단한 문제도 있지만 한 학기를 보내는 동안에도 도무지 답을 찾기 난제도 있다. 익숙하지만 난공불락의 문제도 있고 전혀 예상하지 못한 새로운 문제가 발생할 수도 있다. 하지만 그 모든 문제를 해결할 수 있는 원초적인 답은 사랑으로 귀결된다.

Lovicher는 날마다 "Vincero"를 외치며 승리의 삶을 사는 사람이다. 왜냐하면 Lovicher는 모든 문제의 답이 사랑에 있다는 것을 알고 실천하려는 사람이기 때문이다.

2020. 11. 16.

Vincero!를 외치며 날마다 승리의 기쁨을 맛보는

Lovicher가 되길 소망하며

피렌체를 빛낸 실패 이력서

실패 이력서가 성공 이력서보다 강력한 키워드이다. 누가 보아도 성공한 사람이라 생각하는 사람에게도 실패의 이력은 있다. 결정적인 순간에 실패하고 인생을 포기하는 사람도 있지만 실패의 이력서를 성공을 위한 강력한 삶의 동력으로 활용한 사람들이 있다. 사람들은 수많은 실패의 이력을 가진 사람이 성공할 때 더욱 열광하며 최고의 찬사를 보낸다.

브루넬레스키는 1401년 세계 최초의 미술 대회라 할 만한 경합에서 탈락했다. 그것은 피렌체 세례당의 문을 장식할 조각가를 뽑는 대회였다. 최종 후보자 두 명이 경쟁했고 경쟁자인 기베르티가 선발되었다. 경쟁자의 성공을 바로 옆에서 지켜보는 건 고통스러운 일이었을 것이다. 실패한 브루넬레스키는 로마로 떠났다. 무려 17년의 세월 동안 겸손하게 실력을 기른 후 다시 피렌체로 돌아왔을 때, 피렌체에서는 새로운 공모가 열렸다. 피렌체 대성당의 천장 돔을 세우는 건축 설계 경쟁이었다. 이번에도 경쟁자는 기베르티였다. 그동안 화려한 경력을 쌓아온 기베르티가 유리할 거라고들 했지만, 최종 승자는 브루넬레스키였다. 야인으로 떠돌며 실패의 원인을 복기하고 로마의 건축을 샅샅이 방문하며 내공을 키워온 덕분이다. 피렌체의 상징이 된 대성당의 돔은 실패한 브루넬레스키가 패자부활전에서 최후의 승리를 한 월계관과 다름

없었다. 지금도 피렌체에는 브루넬레스키의 실패의 문 위에 찬란한 대성당 돔이 빛나고 있다.

교실에서도 작은 것에서부터 중요한 일에 이르기까지 실패의 이력을 쌓아 가는 아이들이 있다. 실패의 이력이 쌓여 가지만 때로는 실패에 무감각하거나 성취를 포기하는 아이도 있다. 현실적으로 교실이 상대적 경쟁의 구조에 빠지기 쉽기 때문에 실패의 이력은 쌓여 갈 수밖에 없고 실패의 이력에만 머물게 되면 작은 성취도 이루기 어렵다.

Lovicher는 그들의 실패의 이력서 속에 내재된 성공의 씨앗을 보고 싹을 틔우기 위해 물을 뿌리며 용기를 주는 사람이다. 우리 중에도 이미 결정적 순간에 수없이 실패해 본 사람들이 있다. 그때 썼던 실패 이력서는 지금 보면 자랑스러운 승자의 훈장 같지 않은가? Lovicher는 아이들의 실패 이력서에서 성공을 위한 씨앗을 볼 수 있는 사람이다. 실패 이력서의 의미를 아는 사람만이 성공을 기대하며 용기와 격려를 해줄 수 있다.

2020. 11. 29.

실패 이력서에서 성공의 씨앗을 보는 Lovicher를 소망하며

'고난은 검정비닐봉지에 싸인 또다른 선물'

디젤 집시의 삶을 생각하며

이 한 해를 결산하며 미진한 일들을 마무리하며 연말을 맞이하는 12월이다. 오늘은 가슴 짠한 한 평범한 사람의 Human Story를 통해서 우리의 삶을 돌아보고자 한다. 토요일 우연히 「디젤 집시」 이야기를 접하게 되었다. 단순히 미국과 캐나다 대륙 횡단의 모습을 보여 주는 You Tube 정도로 가볍게 생각하며 2005년 미국에서 교환교수로 있었던 때에 나의 대륙횡단 경험을 되돌아볼 마음으로 동영상을 보다가 가슴 짠한 삶의 이야기를 접하게 되었다.

그의 젊은 날의 꿈과 좌절, 그리고 극복과 도전 그리고 외로움 속에서 미국과 캐나다의 대륙을 횡단하는 Trucker(큰 화물트럭 운전기사: Truck Driver)로서의 삶을 치열하게 살던 중 45세의 젊은 나이에 세상을 떠난 안타까운 이야기이다. 난 「디젤 집시」라는 그의 별명이 주는 의미가 그의 삶을 대변하는 이름임을 이해하게 되었다. 디젤엔진의 트럭을 운전하며 집시처럼 떠도는 인생이라는 의미의 「디젤 집시」는 자신의 직업에 충실하면서 새로운 삶을 개척해 가는 도전과 극복의 치열한 삶의 보여 주고 있었다. 그가 지병인 심장병으로 급작스럽게 죽기 직전까지 그의 삶을 동영상으로 보여 주며 독백처럼 말하는 성공과 실패의 인생 스토리가 잔잔하게 감동을 주고 있었다.

우리는 누구나 살면서 실패하거나 좌절과 절망의 늪에 빠질 수 있다.

그러나 자신의 직업과 일에 대해 스스로 가치를 부여하며 자부심을 가지고 최선을 다하는 것처럼 위대한 삶은 없다. Lovicher는 하는 일에 가치를 부여하는 위대한 삶을 사는 사람이다. 우연히 「디젤 집시」의 삶을 통해서 치열하게 Lovicher의 삶을 사는 것이 얼마나 소중한 일인지 다시 한번 돌아보게 된다.

2020. 12. 7.
하는 일에 가치를 부여하는 위대한 Lovicher를 소망하며

누가 목이 마른가?

　지난 토요일 신문에서 1억을 기부하며 아너 소사이어티에 가입한 사람의 기사를 읽었다.

　"땀 흘려 일해 돈 버는 게 좋아 초등학생 때부터 신문 배달을 시작해, 중국집 배달부터 경포대 횟집 삐끼(호객꾼)까지 안 해 본 일이 없습니다. 열심히 일하고 싶어도 기회가 없는 어려운 청소년을 위해 기부를 결심했습니다."

　지난 1월 사랑의 열매 사회복지공동모금회의 1억 원 이상 고액 기부자 모임인 '아너 소사이어티'에 가입한 강원도 강릉 건도리횟집 대표 신건혁(35) 씨의 말이다. 다른 기부자와 달리 특별한 것은 35세의 젊은 사람이 유소년 운동선수 꿈나무를 위해 기부한 것이다. 35세의 젊은 날에 고생하며 번 돈이지만 기꺼이 어려운 처지에서 운동선수의 꿈을 가진 아이들을 위해 1억을 쾌척하기로 한 것이다.

　12월에 이 기사를 읽으며 우리 모두가 잘 알고 있는 찰스 디킨스의 단편소설 《크리스마스 캐럴》이 생각났다. 구두쇠 영감 스크루지가 크리스마스이브에 유령을 통해서 과거의 어리석은 모습과 미래의 초라하고 불쌍한 자신의 모습을 보면서 남을 위해 베풀며 돕는 착한 사람이 된다는 얘기다.

힘들었지만 올해도 어김없이 Christmas가 다가온다. Lovicher는 돈보다 더 소중한 것을 누구에게나 줄 수 있는 사람이다. 이번 Christmas에도 한 학기를 마감하며 누군가를 위해 우리가 가진 사랑의 마음을 전하는 Lovicher가 되자. Lovicher는 가진 것을 나누며 베푸는 사람이다.

2020. 12. 21.

Christmas에 사랑의 마음을 나누는 Lovicher가 되길 소망하며

사랑의 마음을 나누는 Lovicher_e
2020. 12. 25

II. 2021년

끝이 보이지 않아도

멈추지 않고 가야 하는 길

Lovicher

희망이 생명의 양식이다

사람에게 가장 중요한 생명의 원천은 희망의 양식이다. 2차 세계대전 당시 아우슈비츠 수용소에서 살아남은 사람들의 증언이 이를 증명한다. 마지막까지 살아남은 사람들은 오직 희망이라는 양식을 스스로 만들어 먹었던 사람들이었다. 희망이라는 정신적 양식은 스스로 노력하지 않으면 결코 가질 수 없는 양식이기 때문이다.

전 세계가 힘들고 어려운 코로나의 터널을 지나고 있다. 이럴 때일수록 이 혹독하고 어두운 시절이 끝나고 다시 세상은 밝게 돌아오리라는 희망의 눈을 가지자. 희망의 양식을 먹는 사람은 결코 일상의 삶을 멈추지 않는다. 희망이 보이기에 그곳으로 나아간다. 다시 세상이 밝아올 날 이 어두운 터널에서 열심히 희망의 양식을 먹으며 달린 자는 세상을 이길 힘을 가질 수 있으리라 생각한다.

Lovicher는 희망의 양식을 먹으며 눈을 열어 희망을 보고 가르치는 자이다. 이 한 해에도 아이들에게 희망의 양식을 먹이며 가르치는 Lovicher가 되자.

2021년 새해 첫 월요일 아침에
눈을 열어 희망을 보는 Lovicher가 되길 소망하며

눈을 열어 희망을 보는
Lovicher가 되길 [현]

아름다운 삶의 패턴을 유지하는 것
(To Build a Beautiful Pattern of Life)

경쟁에서 이기는 것을 지향하는 것보다 삶의 목표를 성취하는 것을 지향할 때 우리의 삶이 더 아름답고 가치롭다. 경쟁은 늘 비교를 동반하기에 이기면 교만해지고 지면 비참해지기 마련이다. 하지만 작지만 원하는 목표를 이루어 내는 삶은 행복과 자신감을 수반한다. 삶의 목표를 향하여 꾸준히 노력하는 사람은 아름다운 삶의 패턴(beautiful pattern of life)을 가진 사람이다. 일상의 삶에서 느끼는 안정감과 행복감은 아름다운 삶의 패턴을 유지할 때 주어지는 자연스러운 보상이다.

작은 목표를 세워 삶의 패턴을 잘 가꾸어 나가는 것은 평범하지만 결코 쉬운 일은 아니다. 왜냐하면 세상은 경쟁과 도전하는 삶을 강요하며 성취하는 모습에 더 열광하기 때문이다. 경쟁과 비교의 늪은 워낙 깊고 넓어서 좀처럼 벗어나기 힘들기에 아름다운 삶의 패턴을 유지하는 사람은 위대하다.

아이들에게 작은 목표를 위해 노력하는 아름다운 삶의 패턴을 가르치며 보여 주자. 아이들을 사랑하며 열심히 가르치며 사는 삶은 아름다운 삶의 패턴(beautiful pattern of life)이다. 평범하지만 행복하고 위대한 삶이다.

Lovicher는 아름다운 삶의 패턴을 유지하며 사는 사람이다. 아이들에게 행복 바이러스를 전염시키는 아름다운 삶의 패턴을 사는 사람이 진정한 Lovicher이다. 세상이 암울한 안개에 휩싸여 있어도 아름다운 삶의 패턴을 유지하며 살아갈 때 아이들도 목표를 향해 달려갈 용기를 가지고 희망의 삶을 이어가게 될 것이다.

2021. 1. 11.
아름다운 삶의 패턴을 유지하는 Lovicher가 되길 원하며

다양성을 존중하는 것이 미래이다

인류의 미래는 다양성의 존중을 통해 가능하다. 생태학자인 이화여대 최재천 석좌교수는 코로나의 종식과 미래를 위해서는 다양성을 파괴하며 자연을 말살하려는 인간의 욕구와 무지를 깨닫는 것에서부터 출발해야 한다고 주장한다. 자연생태계의 다양성을 파괴하면 인간을 포함한 모든 생명체가 파멸할 수 있다고 주장한다. 자연은 자연 상태의 다양성과 생태계의 보존을 요구한다. 인간의 욕망이 개입된 자연의 다양성 파괴와 생태계의 인위적 조작은 결국에는 자연계 전체의 혼란과 파멸을 초래한다는 주장이다.

가르치는 아이들의 다양성을 억압하거나 파괴하면 미래가 없다. 아이들은 각기 다른 재능과 성격적 특성을 가지고 있다. 체육을 잘하는 아이가 있고 수학을 잘하는 아이가 있다. 감성적이고 마음이 약한 아이가 있고 고집이 세고 자기주장이 강한 아이가 있다. 그들 하나하나가 나름의 존재적 의미를 가진 생태계의 일원이다. 이를 획일적이고 억압적인 방법으로 통제하며 다양성을 억제하는 것은 어리석은 일이다. 다양성이 우리의 미래다.

Lovicher는 다양성을 인정하고 사랑하며 용기를 주는 사람이다. 이것이 우리의 미래이기 때문이다. 가르치는 행동 원칙 중의 하나가 아이들의 다양성을 인정하며 그들의 다양한 재능을 적재적소에서 발휘하도록 도와주고 격려하는 일이다. 이 시대에 우리의 행동 원칙 중의 하나가 다양성을 인정하는 것임을 깨닫는 새해가 되자.

2020. 1. 18. 눈 오는 아침에

다양성을 존중하는 Lovicher가 되길 원하며

아비투스가 사람의 품격을 결정한다

독일의 도리스 메르틴은 그의 저서 《아비투스(Habitus)》에서 7가지 아비투스가 삶의 품격을 결정한다고 하였다. 사람은 문화, 지식, 경제, 신체, 심리, 언어, 사회자본의 7가지 아비투스의 유무에 따라 삶의 질이 달라지고 사회적 계층이 결정 된다는 주장을 하고 있다. 일반적인 의미에서 인간의 삶의 질과 사회적 계층 결정의 요인을 설명하는 의미 있는 주장이다. 그중에서 문화와 지식, 언어와 같은 문화자본은 가르치는 사람에게 더 중요한 삶의 요소이다. 가르치는 사람은 어떠한 문화자본을 가지느냐에 따라 품격 있고 존경받는 삶의 여부가 결정되기 때문이다.

Lovicher에는 의미 있는 문화자본이 내포되어 있다. 가르치는 사람으로서 가져야 할 높은 이상과 실천적 방법을 포함하고 있기 때문에 그 자체가 품격 있는 하나의 문화자본이다. 의미 있는 Lovicher의 삶을 사는 것은 그 자체로 품격 있는 삶이다. 교사로서 고귀한 문화자본을 즐기는 삶이고 아이들을 행복하게 하는 삶이다. 이제 다음 신학기를 생각하며 어떻게 아이들을 만날 것인가 다시 한번 생각하며 아이들을 위한 문화자본을 축적하자. 그리고 그것을 향유하며 마음껏 아이들에게 베풀며 살자.

2021. 1. 25.
Lovicher라는 문화자본을 향유하길 원하며

"30호입니다"

　jtvc 〈싱 어게인〉에 출연한 30호 가수 이승윤에게 사회자 이승기가 "이 장르는 뭔가요?"라고 묻자 "30호입니다."라고 간단하게 자신의 정체성을 밝혔다. 난 이 곡을 몇 번 들으며 처음으로 박진영의 〈Honey〉 원곡도 들어보며 비교해 보았다. 놀라웠다. 독창적인 자기만의 음악 세계와 철학적이면서 순수한 문화적 배경이 묻어나는 모습을 통해 그의 부모님을 생각했다. 이승윤의 부모님의 자녀 교육방법을 소개한 기사를 보고 이 곡들을 듣고 이승윤을 알게 된 것이다. 덕분에 그의 형인 천재적인 재능의 이승국의 유튜버까지 보게 되었다.

　이승윤의 부모님은 '자립정신을 통해 자기만의 영혼을 갖게 하는 것' '남이 가는 길을 따라가면서 경쟁하는 직선의 삶이 아니라 360도 원 안에서 어느 방향이든지 자신이 가고 싶은 곳으로 가게 하는 것'을 자녀 교육의 중요한 목적으로 삼았다. 자신의 재능을 믿고 자신의 길을 거침없이 살아가는 것이 중요하다는 것이다. 이러한 자녀 교육의 목적을 갖고 기른 아이가 "30호 이승윤"이고 그의 형 이승국이었다.

　난 문득 이 유튜브 음악을 들으며 누가 우리에게 "지금 선생님의 그 교육철학은 뭔가요?"라고 물을 때 한마디로 "Lovicher입니다."라고 답할 수 있는 확고한 교육철학과 정체성이 있는 선생님이 되었으면 좋겠다.

2021년 2월의 첫날에

"나는 Lovicher 입니다."라고 자신의 정체성을 밝히는

Lovicher가 되길 소망하며

페르소나(Persona)를 생각하며 '부캐'를 키우며 사랑하자

　BTS의 남준은 〈페르소나〉에서 "나는 누구인가 평생 물어온 질문/ 아마 평생 답을 찾지 못할 그 질문/ 나란 놈을 고작 말 몇 개로 답할 수 있었다면/ 신께서 그 수많은 아름다움을 다 만드시진 않았겠지"라고 노래하고 있다. '사회적 자아'에 의해 만들어진 외면적인 페르소나의 모습을 통해 자신의 진정한 모습을 찾으려는 고뇌를 노래하고 있는 것이다. 이어서 윤기의 〈쉐도우(Shadow)〉에서는 페르소나의 이면에 숨겨진 페르소나를 거부하는 부정적인 내면의 자아에 대한 고백과 페르소나와 쉐도우의 일치(Congruence)를 갈구하는 마음이 담겼다.

　심리학자 프로이트의 제자 칼 구스타프 융의 페르소나와 쉐도우의 이론을 BTS가 자신들의 삶에 비추어 노래하는 것은 매우 특이하다. 그러나 사람은 누구나 자신의 페르소나를 부각시키기 위해서 살지만 한편으로는 그 이면의 쉐도우 때문에 고뇌하는 심리적 갈등의 존재이다. 세계적인 BTS가 노래하는 삶과 그 이면의 숨겨진 한 인간으로서의 내면적인 욕구는 일치하기 어려운 빛과 어두움이다. BTS가 자신들의 인기를 유지하고 계속 성장하는 것은 이러한 페르소나와 쉐도우를 감안하며 내면의 갈등을 치유하는 노력에 의한 것이 아닐까 짐작된다.

　우리는 아이들을 가르치는 사람이며 더구나 좀 더 훌륭한 Lovicher라는 페르소나를 부각시키기 위해 노력하는 존재이다. 그러나 우리의 내면에는 윤리적 도덕적 자아의 모습이 아닌 자연인으로서의 각자의 내면의 욕구와 또 다른 쉐도우가 있다. 이를 순조롭게 일치시키는 일은 쉽지 않다. 하지만 심리적 갈등을 조화시키기 위해 페르소나 이면의 쉐도우를 위한 나만의 새로운 제 2의 캐릭터 즉 '부캐(부캐릭터)'를 키우며 활용하는 방법이 있다. 교단에서는 훌륭한 Lovicher인 동시에 나름의 숨겨진 재능과 자아를 발산하는 '부캐'를 키우며 자신을 사랑하는 것은 페르소나의 부담을 줄이며 진정한 Lovicher가 될 수 있는 길이 될 수 있다.

Lovicher는 페르소나에 집중하지만 또 다른 나의 '부캐'를 키우고 사랑하는 사람이다. 그것은 나를 사랑하는 것이며 결국에는 아이들을 사랑할 수 있는 방법이기 때문이다.

2021. 2. 7.

부캐를 통해 빛나는 Lovicer의 꿈을 펼쳐 나가길 소망하며

부케를 통해 빛나는
Lovicher의
꿈을 펼쳐나가길..

2021. 2. 7

꿈은 결코 배반하지 않는다

지난주 임용고사 결과를 보고 다시 한번 '꿈은 결코 배반하지 않는다'는 말을 생각했다. 1999년 동방 창단 이후 지금까지 꿈꾸는 자가 실패한 경우는 없었다. 이번에 '8기 김○○ 동지'가 10번의 도전 끝에 임용고사에 합격했다. 10년 동안 꿈을 포기하지 않은 것이다. 종전에 9전 10기의 대표적인 사례였던 이○○와 서○○ 커플 이후에 다시 한번 '8기 김○○ 동지'가 이것을 증명했다. 10년 동안 포기하지 않았던 꿈은 절대 배반하지 않았다. 합격도 기쁜 일이지만 의미 있는 꿈을 꾸며 살아가는 것 자체가 가치 있는 삶이고 행복한 삶이다.

'어떻게 나답게 살 것인가?'로 번역된 에밀리 에스파하니 스미스의《The Power of Meaning》에서 저자는 행복만을 목적으로 살면 오히려 불행해지지만 삶의 의미를 추구하며 살면 오히려 어려운 가운데에서도 행복해질 수 있다고 했다. 가치 있는 꿈을 꾸는 것은 의미를 추구하는 삶이기에 행복하다. 꿈은 배반하지 않는다. Lovicher의 삶은 가치를 추구하는 삶이기에 의미가 있는 삶이다. 가치를 추구하는 의미 있는 Lovicher의 삶은 가르치는 자와 배우는 자 모두에게 행복을 가져오리라 믿는다.

2021. 2. 15.

의미를 추구하는 Lovicher의 삶을 살기 원하며

우리도 김범수처럼 성공할 수 있다

얼마 전 재산의 절반인 5조원을 사회에 기부하겠다고 선언한 카카오의 김범수는 자타가 공인하는 흙수저 출신이다. 그가 가장 좋아한다고 해서 다시 유명해진 랠프 월도 에머슨의 〈무엇이 성공인가〉를 읽어 보면 5조원을 기부한 그의 의도와 인간적인 깊이를 잘 알 수 있다. 그 시의 한 소절에서 진정한 성공은 다음과 같이 말하고 있다.

> 자기가 태어나기 전보다
> 세상을 조금이라도 살기 좋은 곳으로
> 만들어 놓고 떠나는 것

우린 김범수처럼 돈을 기부할 수는 없다. 하지만 더 소중한 것으로 세상을 조금 더 살기 좋은 곳으로 만들 수 있다. 그것이 진정한 성공이라면 우린 성공의 문턱에 들어선 것이다. 왜냐하면 우린 Lovicher이기 때문이다. 우리를 통하여 아이들이 더 좋은 세상을 만들어 갈 수 있도록 작은 디딤돌이 된다면 우리는 분명 성공한 삶을 사는 것이다.

2021. 2. 22.
진정한 성공을 바라는 Lovicher가 되길 원하며

무엇이 성공인가

자주 그리고 많이 웃는 것
현명한 이에게 존경을 받고
아이들에게서 사랑을 받는 것
정직한 비평가의 찬사를 듣고
친구의 배반을 참아내는 것
아름다움을 식별할 줄 알며
다른 사람에게서 최선의 것을 발견하는 것
건강한 아이를 낳든
한 뙈기의 정원을 가꾸든
사회 환경을 개선하든
자기가 태어나기 전보다
세상을 조금이라도 살기 좋은 곳으로
만들어 놓고 떠나는 것
자신이 한때 이곳에 살았음으로 해서
단 한 사람의 인생이라도 행복해지는 것
이것이 진정한 성공이다.

-랠프 월도 에머슨-

주는 자(giver)의 행복

일반적으로 사람들은 남에게 받기를 좋아한다. 칭찬이나 선물, 사랑도 마찬가지다. 하지만 사실은 주는 자(giver)가 받는 자(taker)보다 더 행복하다. 진심으로 주는 자는 받는 자보다 더 큰 감동과 기쁨을 누린다. 사랑하는 사람에게 사랑을 주는 기쁨과 행복은 경험한 사람만이 아는 사실이다.

누구에게 무엇을 주는 가에 따라 삶의 의미가 달라진다. 먼저 자신에게 의미 있는 선물을 주는 자(giver)가 될 때 말할 수 없는 보람과 기쁨, 자신감을 동반한 더 큰 성취를 맛볼 수 있다. 자신의 건강을 위해 시간을 아끼며 운동하고 절제하는 생활을 할 때 보람과 기쁨을 맛볼 수 있다. 자신에게 의미 있는 선물을 준 것이다.

자신에게 의미 있는 선물을 주기 위해 노력하는 사람은 남에게도 주는 자(giver)가 될 수 있다. 남에게 진정한 마음으로 의미 있는 것을 줄 수 있는 자(giver)는 먼저 자신에게 먼저 의미 있는 선물을 주기 위해 결심하고, 도전하고, 노력하며 결과를 위해 구두끈을 다시 매는 자이다.

2021년 새 학기가 시작된다. 이 한 학기 먼저 나에게 의미 있는 선물을 주는 삶을 살자. 그리고 아이들에게 무엇을 줄지 다시 생각하고 다짐하자.

Lovicher는 아이들에게 의미 있는 선물을 주는 자(giver)이고 그래서 행복한 사람들이다.

2021년 새 학기가 시작하는 3월의 첫날에 의미 있는 선물을 주는
Lovicher가 되길 소망하며

두 개의 저금통이 필요하다

전 세계에서 가장 많은 부를 축적한 유대인은 한편으로 가장 많은 돈을 사회적 약자를 위해 기부하는 민족이다. 유대인에게는 어린 자녀에게 저금통 두 개를 선물하는 전통이 있다. 하나는 가난한 사람들을 위해 돈을 모으는 저금통으로 이를 히브리어로 '푸시케'라 부른다. 푸시케는 자녀가 처음으로 하는 자선 행위이며 평생의 기부 습관을 만들어 준다. 또 다른 하나는 본인의 미래를 위해 저축 습관을 길러주는 저금통이다. 유대인 부모는 자녀에게 용돈을 주며 그중 일정 부분을 가장 먼저 푸시케에 넣도록 훈련한다. 자신의 미래를 위해서도 저금통을 채우라고 한다. 그리고 자녀에게 용돈을 3가지 용도로 쓰라고 가르친다. "사회적 약자를 위해, 나의 미래를 위해, 그리고 현재의 나를 위해."

우리의 삶에도 필요할 때 사용할 저금통이 필요하다. 그중 하나는 아이들을 위한 저금통이다. 소외되고 아파하며 배려와 관심을 가져야 할 아이를 위해 필요할 때마다 깨뜨려야 할 마음의 저금통이 필요하다. 칭찬과 용기와 격려가 필요할 때 듬뿍 줄 수 있어야 하기 때문이다. 그리고 그들의 미래를 위해 꿈을 꾸며 가꾸어 나갈 비전을 제시하는 지혜의 저금통도 필요하다. 저금통은 채우는 것도 중요하지만 필요할 때 잘 사용하는 것이 더 중요하다. 저축의 목적은 사용에 있기 때문이다.

Lovicher는 날마다 저축하며 동시에 저금통을 깨뜨리는 사람이다.

나의 삶을 위해 그리고 아이들을 위해 그리고 미래의 나와 그들을 위해 필요한 날마다 저금통을 채우고 깨뜨리는 사람이 Lovicher이다.

2021. 3. 8.
두 개의 저금통을 가지며 실천하는 Lovicher가 되길 소망하며

기억하나? 새벽 6시의 기적을

기억하는가 동지들이여! 새벽을 깨우며 동방에서 치열하게 공부하고 돌아가는 늦은 저녁의 자신감과 뿌듯한 만족감을! 작은 일에 반복해서 성공하면 두려운 것이 없다. 남보다 먼저 새벽을 깨우며 일어나서 하루를 시작하는 작은 습관이 반복되면 자신감이 생기며 두려움이 사라진다. 왜냐면 기적 같은 성취의 기미가 느껴지고 보이기 때문이다.

며칠 전 정말 흥미로운 인터넷 기사를 보았다. 영국의 빈민가 공립학교의 흙수저들이 영국의 역사와 전통은 자랑하는 최고의 명문 사립학교인 이튼스쿨을 꺾고 옥스퍼드와 캠브리지에 더 많은 합격생을 냈다는 것이다. 그 기사의 핵심은 새벽 6시부터 학교에 등교해서 공부하는 학습 환경이 반복되면서 자신감과 만족감이 쌓여 가며 놀라운 기적을 만들었다는 것이다.

이 이야기는 우리의 과거를 보여 주는 기사 같지 않은가? 우리 Lovicher는 모두가 이러한 기적을 체험한 동지들이다. 기억하자. 작일 일이지만 새벽을 깨우는 것 하나가 하루의 시간을 성공으로 이끄는 원동력이 되고 기적의 밑거름이 된다.

Lovicher는 새벽을 깨우며 기적을 만드는 사람이다. 새벽을 깨우며 하루의 계획을 묵상하고 작은 것부터 실천하며 두려움 없이 달려가는 사람이다.

2021. 3. 22.

기적을 만들어 가는 Lovicher가 되길 소망하며

아침에 밥을 세 번 먹는 사람

아침에 밥을 세 번 먹는 사람은 어떤 사람일까? 새벽 5시 가족들과 조찬 모임을 하고 사업상 두 번째 조찬 만남 후 세 번째 아침 약속이 7시였다. 새벽부터 시간을 생명처럼 아끼며 열심히 뛰었던 인생. 그는 고(故) 정주영 현대그룹 회장이다. 며칠 전 3월 23일 그의 20주년 기일에 나왔던 일화 중 하나다. 아침 7시에 정주영 회장과 만났던 분이 "난 이게 세 번째 아침 식사야."라는 말을 정 회장에게서 들었다고 한다. 그의 성공 신화의 단면을 보여 주는 일화이다. 무에서 유를 창조하는 사람은 반드시 남들보다 뛰어나게 노력을 하는 사람이다.

Lovicher는 아침에 세 가지 일을 할 수 있는 사람이다. 우리의 부지런함과 창조적인 삶은 자신에게는 물론 아이들에게 감동을 줄 수 있다. Lovicher는 감동을 주며 신화를 창조하는 사람이다.

2021. 3. 29.

아침에 세 가지 일을 하는 Lovicher가 되길 소망하며

작은 것이 아름다울 때

작은 것이 아름다울 때가 있다. 작지만 도덕적 가치가 있는 미(美)를 지닐 때이다. 그러나 작은 것에 만족하는 것은 쉽지 않다. 왜냐하면 세상은 큰 것을 지향하며 달려가기 때문이다. 더 많은 돈, 더 큰 권력, 더 높은 명예, 심지어 더 큰 집, 더 큰 차… 끝이 없이 크고 많은 것을 추구하는 것이 세속적인 욕망이다. 큰 것을 추구하는 세속적인 욕망에는 비교와 탐욕의 구렁텅이가 있어서 대부분의 사람은 그곳으로 추락하고 만다. 혹 추락하지 않더라도 끝없는 비교와 탐욕의 늪에서 헤어나지 못하기에 불행할 수밖에 없다. 세속적 욕망에는 만족이 없기 때문이다. 하지만 작지만 도덕적 미를 추구하는 삶은 가치 있고 행복하다.

Lovicher는 세상에 그 존재를 크게 드러내지는 않지만 도덕적 가치를 지닌 아름다운 이름이다. Lovicher는 아이들을 위해 관심과 배려, 칭찬과 격려를 아끼지 않으며 꿈을 심어 주기 위해 노력하기에 가치 있는 미(美)를 추구하는 사람이다. Lovicher는 세속적인 욕망보다 작은 것에 만족하며 가치 있는 길을 걸어가는 사람이기에 행복하다.

2021. 4. 12.

작지만 가치 있는 Lovicher의 삶을 살길 소망하며

영광의 결번 42번

매년 4월 15일 미국의 메이저리그에서는 30개 구단 모든 선수들이 42번을 등에 달고 출전한다. 전설적인 흑인 야구선수 재키 로빈슨을 기념하기 위한 응원과 배려이다. 그는 1947년 당시에 지금 LA 다저스 유니폼을 입고 42번의 등번호로 데뷔했지만 인종차별 때문에 죽음과 같은 모욕과 차별 심지어 살해 위협에 시달리며 마운드에 서야 했다. 다저스의 동료들이 그를 지지하는 의미에서 모두 42번을 달고 마운드에 서기도 했지만 차별은 여전했다. 이러한 차별과 협박 속에서도 전설적인 기록을 세우고 은퇴한 재키 로빈슨을 기념하기 위해 42번은 영구 결번이다. 아무도 이 번호를 사용하지 못하고 오직 그를 기념하는 4월 15일 메이저 리그 30개 구단 모든 선수들이 42번을 달고 나온다. 차별의 42번이 영광의 42번으로 바뀐 것이다.

Lovicher란 이름은 메이저 리그의 42번과 같다. Lovicher는 차별과 미움이 아닌 사랑과 배려의 이름이기에 영광스러운 이름이다. 자랑스럽게 Lovicher란 등번호를 달며 Lovicher다운 삶을 살아가자. 언젠가 아이들이 Lovicher란 이름을 메이저 리그의 42번과 같은 영광스러운 이름으로 기억될 날을 위해서.

2021. 4. 19.

영원히 Lovicher 등번호를 달고 살아가길 소망하며

Just continue it!

    생활의 달인 김병만은 〈정글의 법칙〉이라는 방송프로의 살아 있는 전설이다. 2011년부터 396명의 연예인들이 이 프로를 거쳐 갔지만 아직도 이 프로에 족장으로 살아남아 20년을 넘보고 있다. 나이키의 "Just do it!"은 매혹적이고 도전적인 메시지이다. 하지만 더 중요한 메시지는 "Just continue it!"이다. 그는 거북이처럼 쉬지 않고 끊임없이 꿈을 향해 노력하며 전진했다. 이러한 그가 쓴 책의 제목이 《꿈이 있는 거북이는 지치지 않습니다》이다. 그가 딴 자격증은 수없이 많다. 최근에는 3년간 31번의 도전 끝에 비행기 조종사 자격증도 땄다. 프로그램 족장의 자격을 위해 시간과 노력을 계속한 결과이다. 중요한 것은 시작보다 지속하는 힘이다.

    Lovicher는 힘들고 어렵지만 아이들을 위해 쉬지 않고 전진하는 거북이와 같은 사람이다. 때로는 심각한 도전과 고통과 마주할 때도 있지만 Lovicher는 "Just do it!"보다 "Just continue it!"을 외치며 실천하는 사람이다.

2021. 4. 26. 아침에
Just continue it을 실천하는 Lovicher가 되길 소망하며

물을 마실 땐 우물을 판 사람을 잊지 않는다

5월에 새겨야 할 말이다. 고마움을 생각해야 할 날들이 많기 때문이다. 우리는 평소에 물의 고마움을 잊고 산다. 더욱이 갈증을 느끼며 물을 마실 때 우물을 판 사람을 기억하는 것은 더 어려운 일이다. 따지고 보면 우물을 만든 사람이 없으면 물을 마실 수 없는 당연한 인과의 논리인데도 말이다. 오늘의 나는 부모님이 판 우물의 물을 마신 덕분이며 가르침을 준 고마운 선생님들과 은인들의 우물 덕분이다. 오늘의 나를 보면서 나를 만든 부모님과 선생님을 생각하게 하는 5월이다.

하지만 이제 우리가 우물을 파야 할 때이다. 마실수록 상쾌하고 신선함이 느껴지는 물이 나오는 우물을 파야 한다. 고통과 분노, 외로움과 왕따, 열등감과 우울증 등으로 갈증을 느끼는 아이들이 우리가 판 우물에서 물을 마실 때마다 시원하게 해갈이 될 수 있는 우물을 파야 한다. 우리가 판 우물의 물을 마신 아이들은 언젠가 우물을 판 사람을 생각할 것이다.

Lovicher는 우물을 파는 사람이다. 그리고 스스로 생수를 제공하는 우물이 되는 사람이다. 여러 가지 어려움으로 도움을 바라는 아이들을 위해 적재적소에 시원한 생수와 같은 해갈의 우물을 파는 사람이 Lovicher이다. 또한 교실이나 상담실에서, 때로는 운동장의 한 모퉁이에서도 언제든지 갈증을 느끼는 아이들을 위해 생수를 제공하는 우물이 되어야 한다. Lovicher가 판 우물은 이 시대를 살아가는 청소년들의 갈증을 시원하게 해갈시켜 줄 샘물이 나오는 곳이다. 왜냐면 그곳은 사랑의 생수가 있기 때문이다.

2021. 5. 10. 아침에
가르침의 우물을 파는 Lovicher가 되길 소망하며

명예는 하루아침에 얻는 것이 아니다

어저께 한미 정상회담에서 미국 최고의 훈장인 명예훈장(Model of Honor)을 받은 랠프 퍼킷 예비역 대령(94)의 모습을 통해 명예는 하루아침에 주어지는 것이 아니라는 것을 새삼 느끼게 했다. 보조기를 끝까지 거부하며 94세의 불편한 몸으로 명예훈장을 받는 모습은 그 자체가 영웅의 모습이었다. 군인은 전쟁터에서 영웅으로 태어나고 목숨을 걸 때 명예를 얻는다.

Lovicher는 교직에서 명예를 얻는 사람이다. 하루하루 최선을 다해 가르치고 베풀며 사랑할 때 아이들의 존경을 받고 최후의 순간에 명예를 얻게 될 것이다. 우리 모두 인생의 마지막 순간에 명예훈장은 받는 Great Lovicher가 되자. 이제 갓 교직을 시작한 18기 이○○ 샘이 감사와 포부를 담은 합격 수기를 보내왔다. 기억하는가? 우리 모두 이런 때가 있었다는 것을. 처음 임용고사에 합격하고 선생님이 되었을 때의 감격과 그때 Lovicher가 되어 아이들을 사랑하고 잘 가르치는 훌륭한 선생님이 되겠다고 다짐하며 시작했던 그때를 다시 되새기며 옷차림을 고쳐 자세를 바로 하고 구두끈을 다시 매자. 명예는 하루아침에 주어지는 것이 아니다. 일평생 Lovicher로서 최선을 다하는 그 모습이 바로 명예훈장과 같은 것이다.

2021. 5. 24.

명예훈장을 받는 Great Lovicher가 되길 소망하며

천천히 서둘러라(Festina Lente)

"천천히 서둘러라!(페스티나 난떼: FESTINA LENTE!) 그리하면 내일의 큰 파도를 타리라!" 2000년 전 로마의 아우구스티누스 황제의 좌우명이다. 행동하기 전에는 천천히 심사숙고하지만 실천은 서둘러라는 것이다. 그리하면 큰 파도를 타게 된다는 것이다. 즉 큰일을 이루게 된다는 의미이다. 많은 사람들은 반대로 생각은 조급하고 실천은 느리다. 현재 Lovicher 동지 중에서 한국의 최남단 우도에서 근무하는 김다연! 페스티나 난떼를 실천하는 Lovicher 동지이지 않을까 생각하며 동영상을 보게 된다. 안나푸르나 정상에서 춤을 추던 김다연의 성실하고 도전적인 삶을 볼 수 있는 영상을 보게 되어 감사하다.

Lovicher는 "페스티나 난떼!"를 외치며 사는 사람이다. 해야 할 일을 미루지 않고 생각하며 천천히 서두르는 사람이다. 옳은 일에 부지런히 노력하자. 그리하면 큰 파도를 타고 Great Lovicher의 꿈을 이룰 수 있으리라!

2021. 5. 31.

날마다 페스티나 난떼를 외치며 큰 파도를 타는

Lovicher가 되길 소망하며

네가 주기 때문에 내가 준다

(Do ut Des: 도우 우트 데스)

최근에 읽은 《라틴어 수업》에서 나오는 라틴어 문장이다. 로마법에서 계약의 성립을 위한 상호주의 원칙을 명확하게 정의한 문장이다. 계약 성립을 위해서는 다음의 4가지 도식이 있다.

네가 주기 때문에 내가 준다.
네가 하기 때문에 내가 준다.
네가 주기 때문에 내가 한다.
네가 하기 때문에 내가 한다.

학교에서 만나는 교사와 학생들은 위와 같은 상호주의에 의해 가르치고 배움과 반응하는 것은 아닌지 자문해 보아야 한다. 「네가 하기 때문에 내가 준다.」 「네가 하기 때문에 내가 한다.」 이 말이 쉽게 수긍이 되지 않는가? 교사의 가르침에 반응하는 학생의 행동을 보고 적절한 보상을 하려고 하는 교사의 모습은 냉정한 상호주의 계약의 원칙에 의한 가르침이다. 대부분의 가르침의 현장에서는 교사와 학생의 이기적인 상호주의 원칙이 적절한 수준에서 타협하며 이루어지는 곳이다. 상대가 준 만큼 주는 것은 일반적인 상거래에서는 상호주의 계약의 원칙은 될 수 있지만 가르침의 현장은 상호주의 계약의 원칙이 철저하게 작용하지 않아야 할 곳이다. 학생의 반응 정도와 상관없이 진심으로 주어야 하는 것이 가르치는 사람의 책무이다.

Lovicher는 "도우 우트 데스"의 법칙을 따르는 사람이 아니다. Lovicher는 「네가 하지 않아도 내가 준다.」라는 원칙을 지키며 대가를 바라지 않고 일방적으로 주는 사람이다. 세상은 상호주의 계약의 원칙에 의해 움직이지만 Lovicher는 세상의 계약법을 따르지 않는 사람이다. 그래서 Lovicher이고 세상을 변화시켜 나갈 새로운 계약의 당사자이다.

2021. 6. 7. 아침에

「네가 하지 않아도 내가 준다.」라는 원칙을 지키는

Lovicher가 되길 소망하며

이름을 부르는 소리만큼 아름다운 소리는 없다

미국의 아동문학 작가 케이트 디카밀로(Kate DiCamillo)의 저서에서 나오는 말이다. 이름을 기억하고 불러주는 것은 사랑의 표현이다. 이름을 기억하고 다정하게 불러주는 것만큼 달콤하고 아름다운 소리는 없다. 이름은 대표성을 가진 것이기에 이름을 부르는 것은 그 사람을 인정하는 사랑의 표현 중 하나이다. 가르치는 아이들의 이름을 부르는 것은 사랑의 표현이며 가장 아름다운 가르침의 소리이다. 이름에 긍정과 칭찬의 사랑을 담아서 부르자. 사랑의 표현이 특별한 것이 아니다. 단지 이름을 부르는 것만으로 가장 아름다운 사랑의 표현을 할 수 있다.

대학 교수로서 20여 년간 교육실습을 나갈 학생들에게 실습 전 오리엔테이션에서 강조한 것은 학생들의 이름을 외워서 불러주라는 것이었다. 젊은 대학생 교생선생님이 이름을 정확하게 외워서 불러주면 감동하지 않을 학생은 없다. 특히 반에서 말썽을 피우는 학생일수록 먼저 이름을 외워서 불러주면 그 학생의 또 다른 모습을 볼 수도 있다. 이름을 부르는 목소리에 다정함과 관심의 감정이 묻어난다면 아이들은 분명 달라질 수 있다. 왜냐하면 이름을 부르는 것은 인정하며 사랑하는 것의 또 다른 표현이 될 수 있기 때문이다.

Lovicher는 다정한 목소리로 이름을 부르는 사람이다. 날마다 아이들의 이름을 부르며 그들에게 다가갈 때마다 변해 가는 아이들을 볼 수 있도록 목소리에 사랑을 담아보자. 아이들을 이름을 부르는 Lovicher의 목소리는 세상에서 가장 아름답고 정겨운 목소리가 될 수 있을 것이다.

2021. 6. 14.
아름다운 목소리의 주인공이 되는 Lovicher가 되길 소망하며

내가
그의 이름을
불러주었을때
그는 꽃이 되었다.
아름다운 목소리의주인공

'사이'의 미학

인간(人間)은 사람 '인(人)'과 사이 간(間)의 합성어다. 인간은 '사이'가 있어야 공존할 수 있는 존재라는 의미이다. 사랑은 두 사람이 갈구하는 감정의 적당한 '사이'에 의해 이루어진다. '사이좋다'라는 말은 뜨겁게 밀착된 거리도 아니고 차갑게 먼 거리도 아닌 적당한 거리를 유지하며 지내는 것을 의미한다. 따라서 '사이'는 사람의 관계를 결정짓는 물리적 공간이다. 사이좋은 관계는 사람과 사람의 적당한 '사이'에 의해 결정된다. 내가 원하는 일방적인 '사이'를 상대에게 강요하는 것은 사랑이 아니다. 사랑은 상호간에 자연스럽고 좋은 '사이'가 있는 상태이다.

Lovicher는 '사이'의 미학을 아는 사람이다. 교사로서 학생들과 적당한 '사이'를 갖는다는 것은 사랑이다. 누구에게든지 적당한 사이를 유지하며 아이들이 따뜻한 사람의 체온을 느끼게 하자. 모범생이든 말썽꾸러기든 동등하게 사이좋게 지내자. 아이들 한 명, 한 명과의 '사이좋은' 관계를 이어 나가는 사람이 바로 Lovicher이다.

2021. 6. 21.
아이들과 사이좋은 Lovicher가 되길 소망하며

귀를 여는 자가 천하를 얻는다?

　욘 람(27. 스페인)은 골프계에서 소문난 악동이었다. 람은 아마추어 시절부터 탁월한 재능을 보였지만, 코스에서 감정을 잘 다스리지 못했다. 평소 수줍음 많고 사려 깊다는 그는 경기가 풀리지 않으면 욕설은 물론 골프채를 패대기치고 사인보드에 주먹질도 했다. 경기 결과에 대한 불만과 거친 행동, 막말 등으로 자주 구설수에도 올랐다.

　그는 2주 전 미국프로골프(PGA) 투어 메모리얼 토너먼트 3라운드를 6타 차 선두로 끝내자마자 "코로나 확진됐으니 기권하라"는 통보를 받았다. 람은 통산 6번째 우승과 상금 167만4000달러(약 19억 원)를 포기한 채 격리에 들어갔다. 이 어처구니없는 불운의 상황에서 2주간 격리 후에 시작된 US Open 경기는 그에게 행운을 가져다주었다. 한 달 전 경기를 실망스럽게 끝낸 밤 욘 람은 캐디와 진지한 대화를 나눴다고 한다. '지난 4월 태어난 아들 케파에게 어떤 아버지가 되고 싶은가. 아버지의 그런 행동을 아들이 봐도 정말 괜찮은가?' 이후 "심리적으로 큰 변화가 일어났다."고 람은 말했다. 캐디의 충고에 귀를 기울인 것이다. "삶은 원래 좌절로 가득하고, 잘 극복하면 좋은 순간들로 이어진다는 걸 알게 됐다. 좌절감을 크게 드러내지 않으면서도 최고의 경기를 할 수 있다. 실수해도 예전만큼 괴롭지 않다."

　그는 캐디의 한마디에 귀를 열었다. 그리고 자신을 돌아보며 마음을 다스렸다. 그 이후 그의 행동은 변하고 US Open 메이저 대회에서 우승하는 행운을 차지한 것이다.

귀를 열면 천하를 얻을 수 있다. 귀를 열고 타인의 말을 경청하며 겸손하게 자신을 돌아보는 자세는 성공하는 사람의 자세이다. Lovicher는 귀를 여는 사람이다. 때로는 아이들의 작은 목소리에도 귀를 열고 자신의 모습을 뒤돌아보자. 아이들의 소리에 귀를 열고 겸손하게 자신을 돌아보는 것은 결코 나약한 모습이 아니다. 타인의 말과 충고에 겸손하게 귀를 기울이는 것은 위대한 일이며 천하를 얻을 수 있는 상책이다. 아이들의 목소리에 귀를 열어 천하를 얻는 사람이 진정한 Lovicher이다.

2021. 6. 28.

귀를 열어 천하는 얻는 Lovicher가 되길 소망하며

청춘은 청춘에게 주긴 너무 아깝다

버나드 쇼가 한 말이다. 열정과 패기가 넘치는 빛나고 아름다운 청춘은 실수와 낭비의 삶을 살기 쉽다. 버나드 쇼가 자신의 청춘의 날을 회고하며 고백하는 말처럼 청춘을 청춘에게 주기에는 너무나 아까운 시간이다. 그 아름답고 빛나는 순간을 지혜롭게 향유하기보다는 어리석은 생각과 행동으로 낭비하기 쉽기 때문이다. 청춘은 그런 것이다. 청춘이 계획적이고 단단하면 청춘답지 않은 삶일지도 모른다. 그래서 청춘이다.

우리가 가르치는 아이들은 청춘의 가장 빛나는 순간을 시작하며 그 가운데 살고 있다. 버나드 쇼의 말처럼 빛나지만 넘어지고 실수하며 다시 일어서려는 어리석음을 반복하며 짧은 청춘의 시간을 보내고 있는 것이다. 더구나 경쟁과 비교의 정글과 같은 학교에서 방향을 잃고 허둥대고 있다면 그야말로 아까운 시간을 낭비하고 있는 셈이다. 하지만 누구든지 아름답고 빛나는 청춘의 소중함을 의식하며 향유하는 삶을 산다면 그것은 축복된 삶이다.

나이와 상관없이 누구든지 청춘과 같은 감각과 생각으로 산다면 그것은 청춘의 삶이다. 하지만 청춘의 나이에 청춘의 감각과 의욕을 잃어버리고 산다면 그는 이미 애늙은이에 불과하다. 청춘은 청춘으로 살아야 한다. 그래야 청춘이다. 우리는 그들의 청춘의 삶을 지지하며 청춘과 같은 삶을 살아야 한다. 생각하기에 따라서 우리도 지금 이 순간 청춘의 시간을 보내고 있는 것이다.

Lovicher는 영원한 청춘이다. 아이들이 청춘의 감각을 갖고 청춘다운 삶을 살도록 도와주며 사는 사람이 Lovicher이다. 꿈을 실현하며 아름답고 빛나는 청춘과 같은 삶을 마음껏 향유하면서 우리의 삶을 통해 아이들이 빛나는 청춘의 삶을 살도록 도와주자. Lovicher는 축복의 삶을 사는 영원한 청춘이다.

2021. 7. 12.

영원한 청춘의 삶을 사는 Lovicher가 되길 소망하며

위기에도 Carpe Diem을 외치며

　방학이다. 매번 돌아오는 방학이지만 작년에 이어 올해도 마음껏 날개를 펴고 다닐 수 없는 특별한 방학이다. 그래도 즐기자. 제한된 범위에서 평소 하고 싶었던 일을 하나 정해서 방학이 주는 특혜를 누려 보자. 돌아올 수 없는 생명과 같은 시간의 축복을 누려 보자.

　1997년 아내가 암 진단을 받고 수술을 한 후 남은 삶의 기간이 얼마가 될지 몰라 마지막일지 모르는 여행이라고 생각하며 방학 때마다 해외여행을 다녔다. 처음 여행을 갈 때에는 왠지 슬펐다. 이게 마지막 여행이 될지 모른다는 생각 때문이었다. 그러나 그것이 인생을 풍요롭게 하는 또 다른 기회인 줄 그때는 몰랐다. 그로부터 20여 년 동안 아내와 난 세계 곳곳을 여행했다. 보통의 사람들이 일평생 버킷 리스트로 생각하는 곳들은 대부분 가 보았다. 남들이 부러워하는 여행 추억을 저축하며 성공적인 Memory Tech을 하게 된 것이다. 고난과 위기가 새로운 기회가 된 것이다. 마찬가지로 중세 유럽의 인구 3분의 1을 몰살시킨 페스트가 어떤 사람에는 또 다른 기회가 되기도 했다. 지금도 마찬가지이다. 코로나 시기의 방학을 새로운 기회로 삼자.

　Lovicher는 생명과 같은 시간을 잘 활용하는 사람이다. 이 특별한 방학을 새로운 기회로 생각하며 또 다른 방식으로 마음껏 즐기자. 어차피 이 어려운 시기도 결국 끝날 것이고 분명 좋은 날이 올 것이기에 현재의 삶에 최선을 다하며 마음껏 즐기자. Carpe Diem!

2021. 7. 19.

특별한 시간의 기회를 활용하는 Lovicher가 되길 소망하며

생명을 살리는 한 줄의 메시지

　최근에 미국에서 실제 있었던 사연을 전한 기사를 읽었다. 사랑하는 딸이 학교에서 왕따를 당하고 있음을 안 아빠가 딸을 위해 매일 간단한 편지를 도시락에 넣어 보내어 딸이 어려움을 극복하도록 한 감동적인 사연이다. 아빠가 매일 도시락에 넣어 준 편지에는 남에 대한 이해와 배려, 그리고 용기와 격려의 사연들이 담겨 있었다. 그 쪽지 편지 중의 하나는 다음과 같다.

　'다른 사람들에게 잘 대해 주렴. 모두가 네 마음 같진 않을 거야. 다른 사람에게서 독특하고 특별한 무언가를 발견하는 법을 배우렴. 너는 누군가의 삶을 바꿀 힘이 있단다. 아빠가.'

　무려 690번의 쪽지 편지를 도시락에 담아 보낸 신문 기사를 읽고 생각했다. 누구에게나 진실된 마음의 작은 글귀 하나가 큰 힘이 될 수 있다. 일상적인 메시지가 아닌 마음이 담긴 메시지 한 줄이 상대의 마음을 움직일 수 있고 우리가 가르치는 아이들은 선생님의 사랑이 담긴 메시지 하나에도 큰 감동과 용기를 얻을 수 있다.

　Lovicher는 진실된 사랑의 메시지를 보내는 사람이다. 작은 배려와 정성이지만 아이들에게 사랑의 메시지를 보내자. 덥고 지루한 코로나

여름 방학 중 선생님이 보내는 짧은 메시지 하나가 시원한 사랑의 생수
가 될 수 있다.

2021. 7. 26.

진실된 사랑의 메시지를 보내는 Lovicher가 되길 소망하며

누가 이들을 키웠나?

올림픽의 열기가 뜨겁다. 승리의 환호와 패배의 눈물이 겹쳐지는 결전의 장면도 감동적이지만 숨겨진 인간적인 삶의 스토리는 더 감동적이다. 오래전 북유럽의 노르웨이를 여행하며 베르겐으로 가는 열차 안에서 노르웨이에 입양된 한국 입양아를 만난 적이 있다. 그 소녀의 이름은 '순이 김'. 자신의 이름이 가장 한국적인 이름이란 것을 모르고 '수니 킴' 정도로 생각하고 있는 밝고 건강한 소녀가 자기와 비슷하게 생긴 우리 부부를 친근하게 대하던 모습이 기억난다.

이번 올림픽에도 어김없이 한국인 입양아가 출전하였다. 가끔 이런 기사를 볼 때마다 세계 곳곳에서 만난 입양아들을 보며 도대체 '누가 이들을 키우고 있나?'라며 자문하고 그들의 사랑과 헌신에 감탄하곤 한다. 한국 아이를 입양하여 키운 몰다워 부부. 몰다워 부부의 무조건적인 사랑과 헌신 그리고 그들의 재능을 인정하며 키워주는 노력. 이런 기사를 볼 때마다 자신의 모습을 돌아보며 부끄러움을 느끼며 반성하는 마음이 생긴다. 그들의 헌신과 희생에 비해 우리의 모습이 초라하기 때문일 것이다.

Lovicher는 입양아를 키우는 부모와 같은 사람이다. 이번 학기에 내가 맡은 아이들은 내가 입양한 아이들이라고 생각하며 이들을 위해 헌신하며 이들의 재능을 계발하기 위해 노력하는 사람이 진정한

Lovicher이다. 아직도 우리 주위에는 부모가 있으나 심리적 정서적으로 고아와 같이 지내는 아이들도 있다. 교실에서 고아처럼 버려진 아이가 없는지 다시 한번 돌아보며 입양하는 마음을 갖는 Lovicher가 되자.

2021. 8. 2.
교실의 아이들을 입양하여 키우는 Lovicher를 소망하며

박상영의 미완성 꿈

  2017년 정년을 앞둔 마지막 1학기 4월에 교생 실습지도를 위해 경남 체육고등학교를 방문하였다. 경남체육고등학교에는 그 당시 인기 절정이던 "할 수 있다"의 리오올림픽 금메달리스트 박상영 학생이 교생실습을 하고 있었다. 방문 당시 박상영 교생의 연구수업을 참관하고 지도한 기억이 있다. 교생실습을 마치고 내 연구실을 찾은 박상영 군이 자신의 꿈은 교사가 되는 것이라고 했다. 하지만 현실적으로 지금은 운동을 계속해야 하니까 임용고사 준비가 어렵지만 꼭 교사의 꿈을 이루고 싶다고 하였다. 그 후로 퇴임을 하고 한동안 잊고 있었던 박상영 군이 부상과 재활의 어려움을 극복하고 다시 동경올림픽에서 투혼을 발휘하는 것을 보고 감동했다. 그러나 그때의 고백이 진심이라면 교사가 되고 싶은 그의 꿈은 아직 미완성 상태이다.

  The first step to getting the things you want out of life is this:
「Decide what you want.」
인생에서 원하는 것을 얻기 위한 첫 단계가 「내가 원하는 것이 무엇인지 결정하는 것.」

대부분의 사람들은 자신이 원하는 것이 무엇인지 결정하기까지 인생의 많은 시간을 낭비하기 쉽다. 현실적으로 당면한 문제가 더 절실하게 삶에 와닿기 때문이다. 오늘 우리도 자신에게 되물어 보아야 한다. 내가 진정 원하는 것이 무엇이며 그것을 위해 결정할 수 있는가? 올림픽이 끝난 박상영에게 남은 과제이다.

Lovicher는 진심으로 원하는 것을 결정하고 실천할 수 있는 사람이다. 아이들에게 진심으로 원하는 것이 무엇인지 생각하며 찾아 나설 수 있는 힘과 용기를 주는 조력자가 Lovicher이다. 자신이 원하는 것을 위해 인생을 투자하는 사람은 행복한 사람이다. 그런 점에서 Lovicher는 행복한 사람이다.

2021. 8. 9.
원하는 것을 결정하는 행복한 Lovicher가 되길 소망하며

235㎝의 기적

한국 육상 높이뛰기 기록을 25년 만에 갱신한 우상혁 선수의 올림픽 경기 모습은 큰 감동과 울림을 주는 장면이었다. 최근에 그의 인터뷰 기사를 보며 놀라움과 함께 다시 한번 그의 진면목을 볼 수 있었다. 평소 그의 최고 기록은 231㎝이었는데 올림픽에서 처음으로 235㎝의 기록에 성공한 것이다. 본인 스스로 믿을 수 없는 기록을 이룬 것이다. 그날 그의 긍정의 에너지가 기적을 이루어 낸 것이다. 그는 계속 웃으며 "괜찮아 레츠고, 우~"라는 중얼거림으로 스스로에게 긍정의 에너지를 심어 주며 "올라간다. 장대야, 너 나 오늘 못 이기겠다."라고 외치며 뛰었다. 긍정의 에너지를 스스로 만들어 나갈 때 상상외의 강력한 힘이 생긴다. 우상혁선수의 235㎝의 기적은 스스로 만든 긍정에너지의 결과이다.

Lovicher는 긍정의 에너지를 만들어 나누어 주는 사람이다. 스스로 긍정의 에너지를 만들고 날마다 아이들 앞에서 웃음과 긍정의 에너지를 나누어 주는 사람이 진정한 Lovicher이다. 우리를 통해 아이들이 스스로 기적을 만들어 나가는 모습을 보는 것은 긍정의 에너지가 주는 선물이다.

2021. 8. 23.

긍정의 에너지를 만들어 가는 Lovicher가 되길 소망하며

'또민지 효과'

"또 박민지야?"

올해 한국 여자 프로골프(KLPGA) 투어 최강자 스물세 살 박민지 때문에 생긴 신조어가 '또민지 효과'이다. 석 달 만에 여섯 번 우승해 투어 사상 최단 기록을 세우고 시즌 최다 상금 기록도 눈앞에 뒀다고 한다. 그리고 새로 얻은 별명이 '또민지'다. 대회마다 우승하거나 우승 경쟁에 뛰어드니 사람들이 묻는다. "또 박민지야?" 그 때문에 붙은 별명이 '또민지'이다.

지난 15일 시즌 두 번째 우승을 거둔 스물두 살 이소미는 기자회견에서 말했다. "민지 언니는 매 대회 때마다 우승하겠다고 인터뷰하더라. 말이 씨가 되는 것 같다. 선수라면 할 수 있는 데까지 해 보자는 마음이 들었다." 지난 22일 거의 2년 만에 우승을 추가한 스물한 살 임희정도 말했다. "민지 언니를 보며 스스로 돌아봤다. 2019년 3승을 한 뒤론 10등 안에 들면 만족했다. 그런데 내가 10등 안에 들려고 선수 하나 싶은 생각이 들었다. 모든 대회 목표를 우승으로 잡겠다." '또민지 효과'로 선수들의 우승 기자회견은 달라졌다. "목표는 항상 우승이다." "내가 어디까지 할 수 있나 알고 싶다." "더 높이 올라가겠다. 욕심 내겠다." "폭포수 쏟아지듯이, 미친 듯이 우승하고 싶다." '또민지 효과'는 까다로운 요즘 젊은이들이 스스로 어떻게 동기를 부여하는지 보여 준다.

Lovicher는 아이들에게 'Lovicher 효과'를 보여 주고 전파하는 사람이다. 아이들에게 도전과 열정의 모델이 되어 아이들이 마음을 감동하게 하는 사람이 Lovicher이다. 평범한 길에서 안주하지 말자. 아이들에게 최상의 것을 향해 최선을 다하는 Lovicher의 모습을 보여 주자. 그리하면 'Lovicher 효과'가 나타나리라

2021. 8. 30.

'Lovicher 효과'의 주인공이 되는 Lovicher가 되길 소망하며

"옳은 말을 기분 좋게 하라"

　선생님은 옳은 말을 기분 좋게 해야 하는 사람이다. 그러나 그건 쉽지 않다. 옳은 말은 경우에 따라서 상대에게 심리적 부담을 줄 수 있기에 기분 좋게 한다는 것은 쉬운 일이 아니다. 선생님은 직업적으로 옳은 말을 해야 하는 사람이지만 대부분의 선생님은 학생들을 지도할 때 옳은 말을 꾸중과 지적, 강요 등의 형식으로 말하기에 상대의 기분을 나쁘게 할 수 있다. 학생의 입장을 이해하며 말하는 것이 아니라 말하는 사람의 입장에서 옳은 말로 강요하며 억지로 수긍하게 만든다.

　대화에는 네 가지 타입이 있다. 첫째, 말도 안 되는 이야기를 기분 나쁘게 하는 유형이다. 이런 사람들은 최악이다. 둘째, 말도 안 되는 것을 기분 좋게 말하는 유형이다. 설득력은 없지만 상대를 기분 좋게는 할 수는 있다. 셋째, 선생님과 같은 지식인층에서도 자주 볼 수 있는데 옳은 이야기를 기분 나쁘게 하는 유형이다. 모든 사람이 실수하기 쉬운 방식이다. 대화의 황금 법칙은 의외로 단순하다. 그것은 한마디로 "옳은 말을 기분 좋게 하라."는 것이다. 상대를 이해하고 배려하는 마음으로 옳은 말을 기분 좋게 하는 것은 상대를 설득하는 놀라운 대화의 기술이다.

　Lovicher는 옳은 말을 기분 좋게 하는 사람이다. 학생을 이해하고 배려하는 마음이 우선해야만 가능한 일이기에 Lovicher라면 가능한 일이다. 아이들은 기분 좋게 말하는 사람의 말에 귀를 기울이며 그 말에 순종한다.

2021. 9. 6.

옳은 말을 기분 좋게 말하는 Lovicher가 되길 소망하며

Humus(토양 비옥도 지수)를 생각하는 지혜

땅은 Humus(토양 비옥도 지수)에 의해 소출의 질과 양이 결정된다. 비옥한 땅에서 풍성한 열매가 맺힌다는 평범한 논리이다. 씨앗보다 땅이 더 중요하다는 토양학(pedology)의 이론이다. 지혜로운 농부는 먼저 땅을 비옥하게 만들기 위해 노력한다. 토양을 비옥하게 하는 퇴비와 충분한 시간의 땅의 안식을 통해 땅의 기운을 강하게 만든다. 비옥한 땅에는 무엇을 심든지 풍성한 열매를 맺을 수 있기 때문이다.

선생님은 사람을 기르는 농부이다. 농부가 먼저 땅을 비옥하게 만들 듯이 사람의 기본적인 토양을 건강하고 비옥하게 만드는 것이 중요하다. 땅의 Humus에 해당하는 것이 바로 인성(人性)이고 사람 됨됨이다. 땅의 퇴비와 같이 건강한 인성을 기를 수 있는 예·체능 활동이다. 그중에서 스포츠 활동은 정신과 육체를 강건하게 만드는 최상의 비료이다. 그런 면에서 우리가 하는 일은 인간의 Humus를 키우는 중요한 일이다. 공부는 인성을 키우는 일부터 시작해야 한다.

Lovicher는 Humus를 먼저 키우는 지혜로운 농부이다. 지식보다는 아이들을 인성을 기르기 위해 노력하는 사람이다. 땅을 기름지게 하듯이 사람 됨됨이를 위해 솔선수범하며 땀을 흘리는 농부와 같은 사람이 Lovicher이다.

2021. 9. 13.

지혜로운 농부와 같은 Lovicher가 되길 소망하며

디아스포라(Diaspora)의 삶을 추구하자

유대인은 2000년 동안 나라를 잃고 세계 각지에 흩어져서 디아스포라 (Diaspora)의 삶을 살았다. 나라를 잃은 디아스포라(Diaspora)의 삶은 박해와 고난의 시간이었지만 이를 극복하기 위해 자신들의 민족적 정체성을 지키며 주어진 새로운 환경에 적응하여 세계를 지배하는 민족이 되었다. 비슷한 경우가 프랑스의 개신교도를 의미하는 위그노이다.

15세기 유럽의 최강국이었던 프랑스의 루이 14세는 퐁텐블로 칙령을 통해 개신교를 박해하였다. 당시의 위그노들은 종교적인 신념을 지키며 화형을 당하거나 살아남기 위해 국외로 탈출하여야만 하였다. 많은 프랑스의 위그노들이 편안하고 행복한 고향을 떠나 이웃의 유럽국가로 망명하여 디아스포라의 삶을 살았다. 이러한 위그노들이 영국, 독일, 스위스에서 국가 부흥의 핵심 인재들이 되어 오늘날의 유럽 선진국을 이루는 밑거름이 되었다. 세계 최강의 유대인과 프랑스의 위그노들은 편안하고 안정적인 고향을 떠나서 디아스포라의 삶을 살 때에 생존을 위해 더 강하고 위대한 성취를 이루어 내었던 것이다.

우리가 날마다 보는 아이들은 경제성장과 함께 외형적인 삶의 수준은 나아졌지만 실제적인 삶의 질은 갈수록 추락하고 있다. 정서적인 디아스포라의 상태에서 청소년 자살률 세계 1위의 오명을 유지하고 있다.

Lovicher는 디아스포라의 정신으로 노력하는 사람이다. 교사라는 안정된 직업과 삶의 편안함에 안주하며 매달의 월급을 헤아리는 삶에는 희망이 없다. 과감하게 아이들을 위해 편안한 이부자리를 걷어차고 일어나 힘들고 험난하지만 도전하며 그들을 위해 최선을 다해 노력하자. 우리가 날마다 보는 아이들 중에는 새로운 도전과 작은 어려움도 견디기 어려워하는 심신이 나약한 아이들도 있다. 그들에게 힘과 용기를 주며 격려하는 노력을 통해 극복하도록 노력하는 사람이 디아스포라의 정신을 가진 Lovicher이다.

2021. 9. 27.

Diaspora의 정신으로 사는 Lovicher를 소망하며

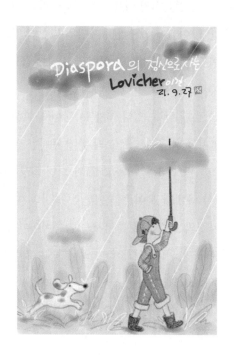

What's your name?

우리는 세 가지 이름을 갖고 살아간다. 부모님이 지어 준 공식적인 이름 그리고 다른 사람들이 우리를 보며 붙여주는 이름(우리의 평판과 명성) 그리고 자신에게 붙여주는 이름(자신의 진실된 모습과 성품) 이 세 가지 이름을 갖고 살아간다. 어느 것이 나를 대표할 수 있는 가장 중요한 이름일까?

우리의 이름은 우리의 정체성을 나타내는 바로미터이다. 홍길동 선생님은 홍길동이라는 공식적인 이름에 선생님이라는 직업과 관련된 이름이 복합되어 있다. 여기에 평판까지 가미되면 실력 있고 훌륭한 홍길동 선생님이 될 수도 있고 부정적인 의미의 명성이 올 수도 있다. 그러나 더 중요한 이름은 내가 알고 있는 나의 진실된 모습을 나타내는 이름이다. 그건 스스로 잘 알 수 있다. 다른 사람이 붙여주는 이름과 나의 진실된 이름과 일치할 때 우린 스스로의 삶에 무한한 긍지를 느끼며 행복한 삶을 살 수 있다. 그 이름이 Lovicher가 되면 최상이다.

Lovicher는 남이 나에게 붙여주는 평판과 명성의 이름이어야 한다. 동시에 스스로 자신의 모습에서 붙여지는 이름이어야 한다. 아이들이 우리에게 "당신은 정말 위대한 Lovicher입니다."라고 이름을 불러주는 날이 오는 날을 위해 오늘의 나를 돌아보자. 그리고 나에게 나의 이름을 물어보자. What's my name?

2021. 10. 4.

위대한 Lovicher로 불리는 날이 오길 소망하며

〈오징어 게임〉

세계가 〈오징어 게임〉이란 드라마에 열광한다. 드라마의 오락성과 함께 부조리한 사회적 단면을 극적으로 보여 주는 것이라 사람들의 시선을 끄는 것 같다. 불평등하고 부조리한 경쟁사회의 이면에 내재된 이기적이고 비인간적인 모습이 우리 모두의 속성일 수 있다는 것을 느끼게 하는 영화이다. 〈오징어 게임〉은 그야말로 제로섬 게임의 전형이다. 최후의 승자를 위해 끊임없이 경쟁하고 승자 독식의 제로섬 게임의 상황을 적나라하게 그려 내고 있다. 비현실적인 픽션이긴 하지만 경쟁사회의 단면을 조명하고 있는 것은 분명하다.

교실도 작은 사회이다. 하지만 최소한 우리가 가르치는 교실에는 제로섬 게임의 방식은 없어야 한다. 타고난 재능을 발휘하는 과정을 존중해 주고 노력하는 정도에 따라 인정을 받는 곳이 교실이어야 한다. 능력의 순서를 정하는 것보다 가진 재능을 찾기 위해 노력하는 모습에 상을 주는 곳이 교실이어야 한다.

Lovicher는 아이들의 삶의 동반자이고 조력자이다. Lovicher는 줄을 세우며 승자와 패자를 가리는 감독자이 아니라 최선을 다하는 사람을 격려하는 격려자이다. Lovicher는 경쟁을 부추기며 평가하는 자가 아니라 달리는 자를 응원하고 배려하며 과정을 존중하는 사람이다. 비록 현실이 결과를 요구하고 경쟁을 통하여 승자를 가리는 것이라

고 할지라도 과정에서 땀 흘리는 아이들을 응원하며 도와주는 사람이
Lovicher이다.

2021. 10. 11.
삶의 동반자이며 조력자인 Lovicher가 되길 소망하며

삶의 동반자이며 조력자인 Lovicher가 되길...

눈과 귀는 둘 입은 하나

눈과 귀는 둘이지만 입이 하나인 것은 창조주의 어떤 의도가 있는 것일까? 그것은 말은 적게 하고 보고 들을 수 있는 시간을 두 배 이상으로 가지라는 의미이다. 선생님은 말하는 사람이지만 입은 하나요 귀와 눈은 둘이다. 말하기 전에 보고 듣는 노력이 더 필요하다는 의미이다. 대상을 보고 상대로부터 듣는 시간을 많이 갖겠다는 것은 상대를 이해하겠다는 자세이다. 상대를 이해하는 바탕 위에서 말하는 것이 설득력이 있다.

아이들을 훈육하기 전에 아이들을 보고 듣는 시간을 두 배 이상 충분히 가져야 한다. 그것은 상대를 배려하며 이해하기 위한 기본적인 예를 갖추는 것이다. 상대를 이해하지 못한 상태에서 훈육을 하는 것은 공염불에 불과하다. 상대가 수용하지 못하기 때문이다. 마찬가지로 거창하고 어려운 주제일수록 쉽고 간단한 내용으로 정리하여 말할 수 있다면 가장 설득력이 있는 말이 된다. 어려운 주제를 쉽게 설명하는 것은 지식의 축적과 응용의 경지에 도달했을 때 나오는 능력이다. 그것은 보고 들은 시간의 양에 비례하여 정리할 수 있는 힘이 생겼기 때문이다.

Lovicher는 입보다 두 눈과 귀를 최대한 활용하는 사람이다. Lovicher는 어려운 주제를 쉽게 말하는 사람이다. 아이들을 위해 눈과 귀를 최대한 열어 두고 말은 최소한으로 아껴야 한다. 특히 훈육은 눈과 귀를 열어서 적절한 수준의 이해와 배려가 이루어 졌을 때 쉽고 간결한 말로 하는 것이 효과적이다. Lovicher는 훈육의 말보다는 두 눈과 귀를 열어 놓고 그들을 이해하는 것에 집중하는 사람이다.

2021. 10. 18.
입보다 두 눈과 귀를 열어 놓는 Lovicher가 되길 소망하며

포란반(抱卵斑)

새들이 알을 품는 것을 포란(抱卵)이라고 하고 새들이 알을 품는 중에 새의 가슴과 배 깃털이 빠진 부분을 '포란반(抱卵斑)'이라고 한다. '포란반'은 새끼를 더 따뜻하게 품으려는 어미 새의 본능적인 행동에 의해 만들어진다. 왜냐하면 맨살에는 혈관이 많아 보온이 더 잘되기 때문이다. 어떤 어미 새는 알을 더 따뜻하게 품기 위해 자기 깃털을 부리로 뽑아 포란반을 더 크게 만든다. 알을 더 따뜻하게 품기 위해서이다.

우리의 모습과 삶에서 포란반과 같은 남을 위한 희생의 자국이 만들어지고 있을까? 내가 가장 아끼는 사람을 위해 나의 따뜻한 온기를 나누어 주기 위한 포란반과 같은 자기희생을 감내하는 사람은 존경을 받을 수 있는 사람이다. 나의 소중한 것으로 남을 따뜻하게 품어 주기 때문이다.

Lovicher는 포란반(抱卵斑)을 만들어 가는 사람이다. 미숙한 상태의 아이들이 바르게 성장할 수 있도록 사랑으로 품어 주고 그들이 깨어나 꿈을 이루어 나갈 수 있도록 가슴으로 따뜻하게 감싸 주는 포란반(抱卵斑)을 가진 사람이 진정한 Lovicher이다.

2021. 10. 25.

포란반(抱卵斑)을 만들어 가는 Lovicher를 소망하며

푸른밭을 만들어가는 lovicher를 소망하며..🔲

사과 한 개와 사과 두 개

사과 한 개를 가진 사람과 두 개를 가진 사람 중에서 누가 더 행복할까? 사과를 당장 입으로 가져가 먹는 사람이 더 행복하다. 그것은 가진 것이 중요한 것이 아니라 가진 것을 즐기는 것이 중요하다는 의미일 것이다.

학교는 성장의 과정에서 필요한 경험을 맛보며 사는 곳이 되어야 한다. 학교가 경쟁과 소유의 각축장으로 머물게 되면 가진 것을 맛볼 수 없는 불행한 곳으로 전락하고 만다. 사과 두 개가 중요한 것이 아니라 사과의 맛을 아는 것이 더 중요하다는 것을 놓치는 것이다.

다양한 신체적 활동과 독서는 소중한 맛보기 행복이다. 책을 읽고 운동을 즐기며 친구들과 여행을 통해서 느끼는 행복은 사과 두 개를 위해 바둥거리며 공부를 고집하는 것보다 더 소중한 행복의 맛보기 공부이다. 공부하는 것도 자연스러운 맛보기의 하나로 느끼는 희열이 될 때 공부하는 일이 행복한 일이 될 것이다.

Lovicher는 향유의 가치를 몸소 보여 주는 사람이다. 두 개의 사과를 가지기 위해 노력하기보다 한 개의 사과를 맛보기 위해 노력하는 사람이다. 아이들에게 소중한 맛보기를 끊임없이 경험하도록 배려하고 베푸는 사람이 진정한 Lovicher일 것이다.

이 가을

하늘을 보며

낙엽을 밟으며

가을의 향기를 만끽하자.

그것이 가진 자의 행복이다.

2021. 11. 8.

향유의 가치를 아는 Lovicher가 되길 소망하며

리치(rich) 언니와 리치(rich) 선생님

골프 선수 박세리는 '리치(rich) 언니'로 통한다. 각종 예능 프로에서 웅장한 자택을 공개하고, 명절 음식 준비를 위해 재래시장에 카트를 2개씩 끌고 다니며 식재료를 가득 사 담고, 사람들을 집으로 초대해 한우 스테이크를 직접 조리해 배불리 먹이고, 사비(私費)로 놀이공원을 통째로 빌려 놀게 하는 등 재력을 유감없이 플렉스(flex: 과시)하며 '리치 언니'라는 별명을 얻었다. 자칫 비난받을 수도 있지만 박세리는 특유의 진솔함과 솔직한 말투, 당당함으로 오히려 사랑받고 있다.

"'나는 어쩌다가 만인의 언니가 됐을까' 곰곰이 생각해 봤다. 편안하게 아무 말이나 나눠도 다 받아줄 것 같은 넓은 품을 가진 사람이 언니 아닐까. 그래서 언니라고 하는 존재가 된 건 마음에 든다. 리치(부자) 언니라는 별명이 부담스럽기도 하지만 지금은 금전적 의미의 '리치'가 아닌 마음이 넉넉하고 여유롭다는 의미의 '리치' 언니로서 사는 모습을 보여 주고 싶다."

박세리의 고백이다.

마음이 넉넉하고 여유롭다는 의미의 리치(rich) 언니와 리치 오빠는 누구에게나 호감을 줄 수 있다. 그런 의미에서 Lovicher는 리치(rich) 선생님이어야 한다. 마음이 넉넉하고 여유로워서 때로는 아이들에게 리치 언니와 리치 오빠로 불릴 수 있는 사람이 Lovicher이다. 세계적인 골프 선수에서 리치 언니로 돌아온 박세리를 보면서 리치(rich)의 의미를 되새겨 보자.

2021. 11. 15.
리치(rich) 언니 오빠와 같은 Lovicher가 되길 소망하며

구멍가게와 똑같다

Jack Welch는 다국적 기업 GE의 회장을 지냈던 세계적인 경영인이다. 그는 자서전에서 대기업의 경영이나 골목의 구멍가게나 경영의 원리는 똑같다고 했다. 세계적인 대학의 강의나 시골 학교의 작은 교실에서 가르치는 것이나 잘 가르치는 원리는 똑같다는 논리이다. 그 첫 번째 경영의 원리가 고객을 최우선으로 생각한다는 것이다. 교실에서는 고객 즉 배우는 학생을 최우선으로 생각하는 것이다. 두 번째 고객에게 감사하는 원리이다. 고객을 최우선으로 생각하며 감사하는 마음은 고객에게 감동으로 전달되며 기업을 성공으로 이끌 수 있다는 경영의 원리이다.

교실을 경영하는 원리도 똑같다. 학생을 최우선으로 생각하고 학생에게 감사하는 마음을 갖는 것이다. 학생을 최우선으로 생각하는 것은 학생을 이해하고 배려하는 마음일 것이다. 감사하는 마음은 존재적 가치 부여이다. 학생이 있기에 교사의 존재적 가치가 있을 수 있다는 것에 대한 감사이다. 세계적인 기업을 경영하는 것과 작은 교실의 학생 몇 명을 가르치는 것과 똑같은 원리가 상대에 대한 배려와 감사의 마음이다.

Lovicher는 Jack Welch와 똑같은 일을 하는 사람이다. 단지 우리는 기업이 아니라 교실을 경영할 뿐이다. 학생을 먼저 생각하고 학생에게 감사하는 사람이 성공하는 Lovicher이다.

2021. 11. 22.

Jack Welch와 같이 성공하는 Lovicher가 되길 소망하며

지옥이 따로 없다

최근에 연상호 감독의 〈지옥〉이 인기다. 드라마에서는 지옥을 보여 주지는 않지만 몇 날 몇 시에 죽음을 예고한 천사의 말을 듣는 순간부터 사실상 지옥 같은 삶이 시작된다. 죽음 외는 희망이 없기 때문이다. 단테의 《신곡》 '지옥의 문'에는 이렇게 쓰여 있다. "여기 들어오는 너희는 모든 희망을 버려라!" 희망을 일절 꿈꿀 수 없는 곳, 그곳이 지옥이다. 반대로 희망을 가지고 살아가는 곳은 지옥이 아닌 천국이다. 그런 점에서 우리의 살아가는 삶에 지옥과 천국이 공존한다. 지옥과 천국은 우리가 결정할 수 있다. 희망이라는 열쇠를 통해.

Lovicher는 아이들에게 희망의 씨앗을 심어 주기 위해 천국의 문으로 인도하는 안내자이다. 꿈과 희망을 포기하며 지옥의 문으로 갈려는 아이들을 구해 내자. Lovicher는 희망이라는 열쇠로 천국의 문을 여는 자이다.

2021. 12. 5.

꿈과 희망으로 천국의 문을 여는 Lovicher를 소망하며

Come again Happy day!

세상에는 불행하게도 '왜?'라고 질문해도 답이 없는 일이 더 많다. 설명할 수 없는 일과 계획대로 되지 않는 일이 있기 때문이다. 이유도 없이 잃어버린 2020년과 2021년이다. 이 시기에 학교에 다니는 아이들이 가장 슬픈 세대이다. 그들은 '왜'라고 질문도 하지 못하고 송두리째 2년을 잃어버렸다. 다시 찾을 수 없는 2년이다. 깨진 컵 안에 물을 채우는 거의 유일한 방법은 새로운 컵을 찾아 물을 채우는 것이다. 잃어버린 2년을 채울 수 있는 방법은 새로운 컵을 찾아 물을 채우듯이 새로운 희망의 문을 열어야 한다. 깨어진 컵에 대한 미련을 버리고 새 컵을 찾자. 그래야 물을 담을 수 있다. 한 해가 가는 길목에서 해야 할 일이다.

Lovicher는 새로운 컵을 찾아주고 그곳에 물을 채우는 사람이다. 새 컵을 찾듯이 다시 올 좋은 날들을 생각한다. 우리가 먼저 나를 위한 새 컵을 찾아보자. 그리고 아이들에게 새 컵을 찾아줄 수 있는 Lovicher가 되자. Come again Happy day!

2021. 12. 13.

깨진 컵을 잊고 새 컵을 찾는 Lovicher가 되길 소망하며

찬물도 마시지 않았다

세계적인 디바(diva) 소프라노 조수미(59)는 지난 10월 카이스트 문화기술대학원 초빙 석좌교수로 임명됐다. 세간의 관심을 끈 석좌교수로 임명되어 그는 세 가지 자기 관리 비결을 공개했다. 우선 "재미있는 것, 맛있는 것 등 남들이 다하는 것은 모두 자르고 살았다"고 했다. "항상 일찍 자고 일어나고, 늘 운동하고 스트레스 안 받으려고 즐겁게 살려고 애쓴다."는 것이다. 다음으로 그가 경계하는 건 '매너리즘'이다. 조수미는 "'나는 잘한다'거나 '나는 연습이 필요 없다'는 식의 자만심에 빠지지 않으려고 엄청 노력했다고 한다. 찬물도 마시면 안 되고 밤에 나가서 놀기도 거의 해본 적이 없다."고 했다. 찬물을 마시지 않는 것은 성대를 보호하기 위한 것이고 밤에 나가 놀면 규칙적인 삶의 리듬이 깨지기 때문에 이 또한 목소리를 위해 절제하는 것이다. 공연을 마친 뒤 파티에 참석한 적도 지난 35년간 한두 차례에 불과하다고 했다. 평범한 사람은 도무지 따라 하기 힘든 35년간 세계 정상의 자리를 지키기 위해 절제와 훈련의 삶을 살아온 것이다.

Lovicher는 가르침에서 정상의 자리를 유지하기 위해 노력하는 사람이다. 끊임없이 절제하는 삶을 통해 최상의 가르침을 위해 자신을 가꾸어야 한다. 새벽을 깨우며 하루를 시작하는 것은 기본 중의 기본이다. 그것은 임용을 위해 동방 시절에서만 하는 삶의 습관이 아니다. 시간을 아끼며 최선을 다하는 기본적인 마음의 자세이다. 정상의 자리는 찬물도 함부로 먹지 않을 정도의 절제와 35년을 이어온 삶의 습관에 의해 유지된다는 것을 기억하자.

2021. 12. 20.
정상의 자리를 지키는 Lovicher가 되길 소망하며

III. 2022년

밀물이 오길 기다리며

마지막까지 가야 할 길

Lovicher

그날에 바다로 나아가리라

강철왕 엔드류 카네기는 많은 일화를 가진 입지전적 인물이다. 초등학교 학력에 주급 1달러 20센트를 받는 노동자로 시작하여 철강회사로 성공한 기업인이다. 말년에 모든 재산을 처분하여 카네기 재단을 통해 사회에 환원한 자선가로도 유명하다. 카네기의 사무실 한쪽 벽에는 아주 낡고 묵은 커다란 그림 하나가 걸려 있었다. 그 그림은 유명한 작가의 그림도 아니고 그렇다고 아주 오래된 골동품 가치가 있는 그림은 더더욱 아니었다. 하지만 그 그림은 카네기와 일생을 같이한 그 사람의 좌우명과 같은 그림이었다.

그 그림은 나룻배 한 척이 썰물에 좌초되어 모래사장에 아무렇게 나둥그러진 아주 절망스럽고 처절하게까지 보이는 그림이었다. 그런데 그 그림의 밑에는 "반드시 밀물 때가 온다. 그날 나는 바다로 나아가리라."라는 글 구절이 쓰여 있었다. 카네기는 때가 되면 반드시 밀물의 때가 오듯이 희망의 때가 온다는 것을 믿고 준비하는 삶을 살아가는 좌우명으로 성공하였다.

우리는 2년 넘게 암담한 코로나의 상황을 보내고 있다. 하지만 지금과 같은 절망적인 상황은 반드시 끝나고 때가 되면 밀물이 들어오듯이 이 상황이 끝나게 된다. 그날에는 머뭇거리지 않고 바다로 나아가야 한다. 인생은 준비하고 기다리는 자에게 주어지는 축복이다.

Lovicher는 그날에 바다로 나아가는 자이다. 암담하고 절망적인 상황에서도 때가 왔을 때 바다로 나갈 준비를 하는 사람이 승리하는 사람이다. Lovicher는 반드시 밀물이 온다는 것을 믿고 그날에 바다로 나갈 준비를 하는 자이다. 아이들을 생각하며 밀물이 오길 기다리자. 그날 바다로 나갈 수 있도록 아이들 한 사람 한 사람의 꿈을 위해, 그들을 위해 무엇을 할 것인지 자신을 돌아보고 준비하는 사람이 Lovicher이다.

2022년 첫 주를 시작하는 아침에
그날에 바다로 나가는 Lovicher가 되길 소망하며

복잡한 것을 단순하게

간단한 일을 복잡하게 만드는 것은 쉬울 수 있다. 그것은 일상의 삶에서 늘 일어나는 일이기 때문이다. 세상의 모든 일들은 복잡하게 얽혀 있는 것 같고 해결 방법은 어려운 것으로 보인다. 하지만 해결 방법은 분명하다. 복잡한 것을 단순화시키며 하나하나 정리하는 수밖에 없다. 이것은 결코 쉬운 일이 아니다. 경우에 따라서는 가장 어려운 일 중의 하나일 수 있다. 번잡한 일과 주변을 정리하고 단순화시키는 것은 중요한 일을 집중적으로 하기 위한 핵심 습관(keystone habit)이다. 삶의 목적을 위한 핵심 습관을 키워 나갈 때 긍정적 삶의 변화를 체험할 수 있다.

사사키 후미오는 그의 저서 《나는 단순하게 살기로 했다》에서 '미니멀리스트(minimalist)'란 개념을 이야기하고 있다. '미니멀리스트'란 자신에게 진짜 필요한 것이 무엇인지 아는 사람, 소중한 것을 위해 덜 소중한 것을 줄여 나가는 사람을 의미한다. '미니멀리스트'가 단순화시키며 줄여 나가는 것에는 눈에 보이는 물건은 물론이고, 필요 이상의 물건을 탐내는 욕심을 비롯하여 무의미한 일에 쏟는 에너지 등 눈에 보이지 않는 것들까지 포함한다. 하루의 삶의 에너지를 복잡한 일에 허비하지 않고 단순하게 정리하고 최소한으로 줄이는 '핵심 습관'이 일상화되면 필요하고 중요한 일을 성공적으로 할 수 있는 여유와 에너지를 축적해 나갈 수 있다.

Lovicher는 소중한 것을 위해 복잡한 일상을 단순화하며 사는 핵심 습관의 실천자이며 '미니멀리스트(minimalist)'이다. 동시에 복잡한 것을 단순하고 쉽게 가르치는 지혜로운 선생님이다. Lovicher는 아이들을 위해 날마다 관심과 배려의 선물을 전달하는 핵심 습관을 실천하며 사는 사람이다.

2022. 1. 10.
미니멀리스트가 Lovicher의 핵심 습관이 되길 소망하며

FOMO에게 당할 수는 없지?

놓치는 것에 대한 두려움을 뜻하는 '포모(FOMO: Fear Of Missing Out)'는 남들과 비교하며 놓치는 기회에 대한 두려움으로 무작정 남들과 같이 자녀를 학원에 보내는 부모의 불안 심리와 부동산·주식 등 자산 가치 상승과 맞물리며 사람들을 사로잡는 시대정신이 되어 가고 있다. 많은 사람들이 투자해서 돈을 번다는데 혼자 뒤처질 수는 없다며 '빚투'도 서슴지 않는다. 학원 보내기 유행 심리는 거의 광적(狂的)이다. 반면에 포모에서 벗어나 나에게 집중하며 즐기는 삶은 JOMO(Joy Of Missing Out)의 삶이다.

최근 출간된 《포모 사피엔스》(미래의 창)에서 "포모는 요람에서 무덤까지 따라가는 인간 심리의 일부"라며 "포모는 어떠한 선택도 내릴 수 없게 만드는 포보(FOBO: Fear Of Better Option)와 결합해 심리적으로 아무것도 할 수 없게 만든다."고 지적했다. 포모는 놓치는 것에 대한 두려움과 상대적 박탈감에 사로잡혀 무작정 시류에 쫓겨 살면서 불안해하는 일종의 심리적 장애 상태를 의미한다. 여기에 결정장애인 포보까지 결합되면 최악이다. 두려움과 결정장애의 결합으로 불행의 나락으로 빠져가는 세상의 흐름을 보며 지혜로운 마음의 자세는 무엇인지 다시 생각하게 한다.

포모는 치열하게 싸우며 극복해야 할 대상이다. 교실에서 남들을 따라가지 못해 불안해하며 포모에 시달리는 아이들을 생각해 보자. 그들의 불안감과 박탈감은 치유되지 않으면 시간이 지날수록 회복의 기회와 멀어져 갈 뿐이다.

Lovicher는 교육적 포모와 싸워서 이기는 사람이다. 왜냐하면 불안해서 남들과 같이 가는 것이 아니라 나의 길을 당당히 개척해 나가는 조모의 삶을 사는 사람이기 때문이다. Lovicher는 교실에서 비교의 늪에서 허우적대며 포모에 사로잡힌 아이들의 손을 잡아 이끌어 주는 사람이다. Lovicher는 가장 강한 힘을 가진 사랑으로 두려워하지 않는 사람이기에 아이들을 포모에서 자신 있게 구할 수 있다. 잊었나? 우리가 새벽을 깨우며 공부하던 그 수많은 날에 동아리방 칠판에 수없이 써 있던 이 말을. 지금도 자신 없고 불안해하며 두려워하는 아이들에게도 Lovicher의 이 말이 필요하다.

"Don't be afraid I will be with you!"

다시 기억하고 마음에 다지며 Lovicher의 길을 가자. 두려워하지 말고 버릴 것은 버리며 아이들을 교육적 포모에서 구해 내자.

2022. 1. 17.
FOMO를 극복하는 Lovicher가 되길 소망하며

목수처럼 예술가처럼

어린아이가 집을 그릴 때는 지붕부터 창문과 문 그리고 마당에 심겨진 나무들을 그려 나갈 것이다. 반면에 목수가 집을 지을 때는 기초부터 다진 다음 주춧돌을 놓고 그 위에 대들보를 세우고 마지막에 지붕을 올려서 집을 짓는다. 기초를 다지지 않고는 지붕을 올릴 수 없고 튼튼한 집을 지을 수 없기 때문이다. 훌륭한 목수는 모든 것에 우선하여 반드시 기초를 든든히 한 다음 순서에 따라 집을 짓는 자이다.

미국의 어느 시골의 장터에서 골동품을 경매하는 장이 섰다. 경매자가 낡은 바이올린을 들고 경매를 시작했다. 1달러! 2달러! 마지막에 3달러를 외치는 사람으로 경매가 끝나려는 순간 한 노인이 손을 들고 경매자에게 조심스럽게 말을 건다. "죄송하지만 제가 그 바이올린을 잠시 만져 보고 연주를 해 볼 수 있을까요?" 경매자의 흔쾌한 허락하에 이 노인은 바이올린의 먼지를 닦고 튜닝을 한 다음 멘델스존의 아름다운 곡을 연주하기 시작했다. 장터와 경매장에 있던 사람들이 아름다운 바이올린 소리에 모여들고 이윽고 연주가 끝난 후 한 사람이 외쳤다. "1000달러!" 그러자 여기저기서 가격을 부르기 시작했다. 결국 이 바이올린은 3000달러에 팔렸다. 바이올린은 누가 아름다운 소리를 내며 연주하느냐에 따라 가치가 결정된다. 바이올린의 가치는 연주자의 소리에 달린 것이다.

Lovicher는 목수이자 바이올린 연주자와 같은 예술가이다. Lovicher는 지식 이전에 인간의 품성이라는 기초를 다지며 집을 짓는 목수와 같은 사람이고 동시에 숨겨진 바이올린의 가치를 드러내는 연주자이며 예술가이다. 목수처럼 아이들에게 인성이라는 사람의 기초를 다지며 예술가처럼 아이들의 숨겨진 가치와 재능을 찾아내며 연주하는 자가 진정한 Lovicher이다.

2022. 1. 24.

목수같이 그리고 예술가와 같은 Lovicher가 되길 소망하며

포기를 포기하라

최근에 발간된 프랑스의 세계적인 지성 파스칼 브뤼크네르의 책《아직 오지 않은 날들을 위하여》의 첫 장 제목이 "포기를 포기하라"이다.

세상이 복잡할수록 시간이 흘러갈수록 원래의 계획과 결심을 포기하려는 마음은 점점 강해지고 결국 포기하고 만다. 이러한 현상은 자연스러운 것이지만 포기하려는 마음을 포기하는 역설적 지혜가 필요하다는 것이 저자의 주장이다.

인간의 정신은 필요 이상의 것을 획득할 때 한층 더 흥분되고 강렬한 능력을 발휘한다고 한다. 그러기에 인간은 단지 살기 위해 필요한 것을 충족하는 정도의 삶을 살 때는 의미를 찾을 수 없다. 하지만 삶에 필수적인 것 이상의 것을 바라는 꿈을 꾸며 욕망의 삶을 살 때 삶의 의미가 더욱 강렬해진다. 포기하려는 마음은 필요한 정도의 삶에 안주하는 삶이다. 하지만 포기를 포기하는 삶은 필요 이상의 것을 꿈꾸며 도전하며 욕망을 충족하려는 의미 있는 삶이다. 따라서 필요한 것을 채우는 정도의 포기하는 삶에서 필요 이상의 꿈을 꾸며 포기를 포기하는 삶을 살 때 삶의 의미가 달라진다.

리오올림픽 영웅 펜싱의 박상영 선수는 마지막 결승전에서 포기를 포기하며 "할 수 있다."라는 독백으로 온 국민을 감동의 도가니로 몰아넣으며 금메달을 획득했었다. 그를 영웅으로 만든 것을 결정적 반전,

즉, 포기를 포기한 정신력의 승리이었다.

 Lovicher는 포기를 포기하는 사람이다. 포기하려는 마음을 포기하는 것은 꿈과 용기와 희망을 되살리는 원동력이 될 수 있다. 교실에는 쉽게 스스로 꿈을 포기하며 의미를 잃어 가는 아이들이 있다. 동시에 선생님의 교육적 노력에 전혀 반응하지 않아서 선생님이 포기하고 싶은 아이들도 있다. Lovicher는 아이들에게 끝까지 포기를 포기하는 삶을 보여 주며 실천하는 사람이다. Lovicher의 포기하지 않는 삶을 통해 아이들의 꿈과 희망과 용기가 되살아나며 삶의 의미를 찾아갈 때에 이를 온몸으로 느끼며 행복한 삶을 누리는 사람이 Lovicher이다.

2022. 2. 7.

포기를 포기하며 실천하는 Lovicher가 되길 소망하며

피루에트(pirouette)는 스팟팅(spotting)에 달렸다

 피루에트(pirouette)는 발레리나들의 우아한 연속 회전 동작을 말한다. 무용수들이 피루에트를 하기 위해서는 한 바퀴를 돌 때마다 눈을 맞추는 한 지점을 지정해 두고 시선을 집중해야 중심을 잡고 회전할 수 있다. 이를 스팟팅(spotting)이라고 한다. 시선을 한 지점에 집중하는 동작이다. 따라서 피루에트를 잘하기 위해서는 스팟팅을 잘해야 한다.

 우리의 삶에도 문제와 우여곡절이 있고 원심력에 의해 돌아가야만 하는 일상의 삶이 있다. 이때 문제에만 집중하거나 해결해 나갈 방향에 초점을 맞추지 못하면 결국 중심을 잃고 만다. 매일처럼 눈의 초점을 한곳으로 집중하며 맞추며 살아가는 스팟팅(spotting)이 필요하다. 스팟팅을 위해서는 눈의 초점을 맞출 삶의 목표가 분명해야 가능하다. 그러면 피루에트(pirouette)를 자유롭게 할 수 있지 않을까?

 Lovicher는 스팟팅을 통해 피루에트(pirouette)를 우아하게 하는 발레리나처럼 살아야 한다. 삶의 목표지점에 시선을 맞추는 스팟팅을 통해 최고의 아름다움을 보여 주는 사람이 되어야 한다. 아이들이 우리가 교단에서 보여 주는 피루에트(pirouette)와 같은 동작을 보고 우리를 Lovicher라고 부르지 않을까?

2022. 2. 21.

삶에서 피루에트를 우아하게 하는 Lovicher가 되길 소망하며

명품은 호객하지 않는다

일류와 이류는 약간의 수준 차이로 구분되지 않는다. 근본적으로 수준이 다르다. 일류는 자랑하지 않아도 그 자체로 일류이지만 이류는 자신을 일류와 같은 존재라고 끊임없이 발버둥을 치며 소리쳐도 이류다. 그것은 근본적인 넓이와 깊이의 차이이기에 비교할 수 없다.

순금은 도금할 필요가 없이 그 자체로 순금이고, 명품은 스스로 가치를 발하기에 호객하지 않는다. 사람도 마찬가지다. 좋은 품성을 가진 사람은 존재 자체가 일류이기에 발버둥치며 자신을 자랑하지 않는다. 자신의 존재적 가치를 위해 자신의 모습을 그대로 나타내고 있을 뿐이다. 이류는 부족한 자신을 채우기 위해 치장을 하려고 노력한다. 명품을 걸친다고 이류의 사람이 일류가 되는 것은 아니다. 일류는 스스로 존재가치를 분명하게 나타낸다.

Lovicher는 일류를 지향한다. 아이들 앞에 섰을 때 스스로 빛을 발하는 일류가 되어야 한다. 화려하게 치장하지 않아도 존재 자체로 명품이 되어야 진정한 Lovicher이다. 그 존재의 가치는 아이들을 진정으로 사랑하는 마음으로부터 나온다.

2022. 2. 28.
2022년 새 학기에도 일류를 지향하는 Lovicher가 되길 소망하며

용기와 격려 사랑의 탄약이 필요하다

"싸움이 한창이다. 나는 도피가 아니라 탄약이 필요하다(The fight is here. I need ammunition, not a ride)."

최근에 전 세계적으로 많은 사람들의 마음을 울린 우크라니이나 젤렌스키 대통령의 명언이다. 러시아의 침공으로 생명의 위험에서 일단 피하라는 미국의 권고를 거절하며 한 말이다. 그는 말대로 도망하지 않고 우크라이나 수도 키이우를 지키며 싸우고 있고 그의 말과 행동은 세계적 연대감을 불러일으키며 전 세계인의 지지를 받고 있다. 진정한 위대함은 책임을 회피하지 않고 행동으로 보여 주는 솔선수범에서 나온다. 젤렌스키의 리더십을 보며 새 학기를 시작하는 우리의 각오를 다시 새겨야 하지 않을까?

Lovicher는 어려움과 도전을 피하지 않고 앞장서서 싸우며 솔선수범하는 사람이다. 학기가 시작되는 이번 주에도 코로나의 구름은 낮게 드리워져 있고 마스크는 웃음 띤 얼굴을 가리고 있다. 상황은 어렵고 해야 할 일은 더 힘들다. 다들 어쩔 수 없는 현실을 탓하며 쉬운 길을 찾거나 도피의 길을 택하려 한다. 하지만 Lovicher는 스스로에게 다음과 같이 말할 수 있는 사람이다.

"학기가 시작되었다. 아이들과의 선의의 전쟁에서 도망치거나 피하지 않고 그들을 위한 교육적 싸움을 위해 끝까지 최선을 다하려 한다. 그러기 위해 이번 학기에도 더 많은 용기와 격려, 사랑의 탄약이 필요하다."

2022. 3. 7.
사랑의 탄약으로 준비하며 솔선수범하는
Lovicher가 되길 소망하며

질투와 시기가 머무는 곳

질투는 관계의 박탈감에 의해 비롯되는 감정이고, 시기는 소유의 박탈감에서 비롯되는 감정이다. 질투는 막 태어난 둘째 아이에게 부모의 관심과 사랑이 집중되면서 첫째가 가지는 소외 심리 혹은 남녀 간의 사랑 관계에서 생기는 갈등 심리이다. 하지만 시기는 남이 가진 소유나 누리는 행복이 부러울 때 생기는 부정적 박탈감이다. 질투는 때로는 관계를 개선하는 동기가 되기도 하지만 시기하는 감정은 항상 미움을 동반하는 부정적 감정이다.

사람들이 모여서 관계를 형성하는 삶의 현장은 질투와 시기의 감정이 전혀 없는 무균실의 공간이 될 수는 없다. 교실은 질투와 시기의 바이러스가 번지면 순식간에 갈등과 미움의 저장고가 될 수 있다. 학생 상호 간의 관계에 의한 질투 심리와 삶과 환경의 불평등에 의한 시기의 감정이 자라날 수 있는 곳이 교실이다. 질투와 시기는 바이러스와 같이 사람의 마음을 병들게 하는 독이 되는 감정이다. 신학기가 시작되면서 처음 보는 친구와 새로운 인간관계의 문제로, 소유와 환경의 불평등에 의한 감정적 바이러스에 아파하는 아이들이 생겨날 수 있다.

Lovicher는 감정적 바이러스를 치료하는 의사이며, 질투와 시기의 불편한 감정을 배려와 사랑의 해독제로 치유하는 사람이다. 3월에 시기와 질투의 감정을 예방하기 위해 관심과 배려, 사랑의 해독제를 마음

껏 뿌리자. 3월에 뿌린 사랑의 씨앗과 해독제는 가을에 건강한 열매를
맺는다.

3. 13.

감정적 바이러스를 치료하는 Lovicher가 되길 소망하며

'죽음은 삶의 한가운데 있다'

이 시대의 대표적인 지성인 이어령 선생님이 얼마 전 타계했다. 그분의 마지막 인터뷰를 담은 《마지막 수업》에서 그는 "죽음은 삶의 한가운데 있다."라고 말했다. 암 치료를 거부하고 죽음을 담담하게 받아들인 지성인다운 깨달음이다. 사람들은 건강한 삶을 위해 유산소 운동과 근력 운동을 한다. 하지만 육체적 건강만으로 건강하게 살 수 없다. 마음의 평안이 육체의 존재적 가치를 결정하기 때문에 육체적 건강과 마찬가지로 정신적 건강도 중요하다. 그러기 위해 마음의 유산소 운동과 근력 운동이 필요하다.

흔히 사람들은 마음의 유산소 운동으로 평정심을 유지하기 위한 명상이나 마음의 평안을 얻기 위한 종교적 활동을 떠올린다. 그것은 분명 의미 있는 마음을 위한 유산소 운동이 될 수 있다. 이어령 선생도 그의 저서 《지성에서 영성으로》에서 그의 딸 이민아 교수의 삶을 통해 종교에 귀의하게 된 사연과 그의 종교적 삶에 대한 고백을 통해 마음의 평안을 얻을 수 있었던 과정을 소개하고 있다.

하지만 더 강력한 마음의 근력은 자신과의 싸움을 통해서 형성된다. 자신과의 싸움에서 이길 때에 건강한 마음의 근육이 강력하게 활동하며 마음의 근육을 키워 나간다. 동시에 건강한 마음의 근육을 키우기 위해서는 건강한 신체적 조건이 필수적 조건이다. John Loke가 체육

우선의 건강교육론을 통해 주장하는 'sound mind in sound body(건강한 신체에 건강한 정신이 깃든다)'라는 격언은 논리적으로 합당하다. 마음의 근력을 키운 사람은 삶의 한가운데 있는 죽음이 두렵지 않고 즐기며 살 수 있다. 자신과 치열하게 싸우며 이길 때마다 마음의 자존감 근육이 점점 솟아오를 것이다. 성공한 사람은 육체적 근력만이 아니라 마음의 근력에 의해 자신을 이긴 사람이다.

우리나라 청소년 자살률이 OECD 국가 중 1위이다. 아이들의 마음 근육이 심각할 정도로 나약하다는 증거이다. 컴퓨터와 PC게임, 스마트폰에 중독되어 육체와 정신이 동시에 허물어지고 있다. 선생님도 무너지는 교실의 무질서와 교권에 대한 심각한 위협, 그리고 학교폭력의 문제로 날마다 자신과의 치열한 싸움을 하게 만드는 교육 현실이다. 건강하고 튼튼한 마음의 근육이 없이는 결코 이 어려움을 해결하며 이길 수 없는 현실적 여건이다.

Lovicher는 건강한 육체로 마음의 근육을 날마다 키워 나가며 오늘도 자신과의 싸움에서 이기는 사람이다. 날마다 육체와 정신을 단련하는 모습을 통해 아이들에게 건강하게 사는 모습을 보여 주며 "나를 따르라"라고 외칠 수 있는 사람이 진정한 Lovicher이다.

2022. 3. 21.
마음의 근육이 빵빵한 Lovicher를 소망하며

Best보다는 Unique를 지향하며

유대인들은 13살이 되면 성인식을 갖는다. 이를 위해 1년 동안 '너는 왜 세상에 나왔으며 무엇을 해야 하나?'라는 질문에 답을 얻기 위해 치열하게 노력하며 정체성을 확립해 나간다. 13살이 되면 성대한 성인식을 열고 많은 사람들의 축복을 받으며 성인이 된다. 성인식 이후에는 모든 결정은 자기 책임하에 내리게 된다. 유대인들이 성인식에 받는 선물은 세 가지다. 성경과 손목시계와 돈이다. 성경은 그들이 신 앞에서 부끄럽지 않게 책임 있게 살라는 뜻이고 시계는 시간은 생명과 같은 것이기에 아끼며 사용하라는 의미이다. 돈은 버는 것이 아니라 불려 나가는 것임을 가르치기 위해 많은 사람들의 축하금을 준다. 이 돈으로 자기 책임하에 13세부터 재테크 공부를 하는 것이다.

13살에 유대인들은 성인이 된다. 우리가 사춘기로 몸살을 할 때 그들은 자기 책임하에 모든 결정을 해 나가며 살아간다. 단 최상(Best)이 되는 것이 목적이 아니라 남과 다른 삶을(Unique) 사는 것이 목적이다. 그것도 13살 이후부터는 스스로 삶을 결정한다.

아이들을 Best가 되라고 경쟁으로 내몰지 말자. 최선을 다하는 것은 미덕이다. 하지만 최상이 되기 위해 경쟁의 이데올로기에 온몸을 던지는 것은 어리석은 삶이다. 오히려 Unique한 삶을 살라고 격려하자. 왜냐면 모든 사람이 동일한 길을 달려가는 획일적인 경쟁사회에서는 소수의 승자에 비해 수많은 낙오자가 있기 마련이기 때문이다. 경쟁사회에서 낙오자로 자존감을 잃어 가는 것보다 남과 다른 Unique한 자신의 삶에 충실히 하는 것이 진정한 승자가 되는 길이다.

Lovicher는 Unique한 삶을 추구하는 사람이다. Lovicher의 정체성은 경쟁하는 삶이 아니다. 오히려 무엇을 얻기보다는 베푸는 삶이기에 경쟁하지 않는다. 그저 Lovicher 본연의 정신에 충실하며 사는 삶이기에 남과 다른 길을 가는 사람이다. 교실은 아직도 경쟁의 장으로 남아 있다. 아이들이 낙오자로 허덕이며 길을 찾지 못하고 방황하고 있을 때 자신만의 길을 찾아가도록 등불을 비추어 주는 사람이 진정한 Lovicher이다.

2022. 3. 28. 아침에
Unique한 삶을 추구하는 Lovicher가 되길 소망하며

교만 자만 그리고 겸손

교만은 가진 것을 자랑하며 우쭐대는 것이고 자만은 가진 것이 적거나 없음에도 가진 것처럼 우쭐대는 것이다. 차이가 있지만 자랑하며 우쭐대는 것은 같다. 둘 다 남들에게 미움을 받을 수 있는 자세이다. 우쭐대며 자랑하는 것이 결코 상대방에게 호의적인 감정을 줄 수 없기 때문이다. 반면에 겸손은 가진 것이 많음에도 자랑하지 않고 오히려 가진 것이 없는 사람처럼 자신을 낮추며 가진 것을 상대에게 흘러가도록 베풀고 도와주는 자세이다.

세상은 겸손한 사람을 존경하고 따른다. 왜냐하면 겸손한 자에게서 흘러나오는 유익한 인격적 향기와 미덕이 다른 사람에게 선한 영향력을 주기 때문이다. 하지만 대부분의 사람은 교만하거나 자만하기는 쉬워도 겸손하기는 어렵다. 겸손하기 위해서는 우선 자신을 채워야 하는데 채우게 전에 먼저 비우기 바쁜 삶을 살기에 겸손하기 위한 준비가 부족하기 때문이다. 가진 것을 자랑치 않고 채워 나가는 것은 나를 위한 채움의 삶이 아니다. 채운 것이 넘쳐서 자연스럽게 흘러가도록 남을 배려하는 삶이다. 겸손하기가 어려운 것은 나를 위한 것이 아닌 상대를 위한 이타적 삶의 자세이기 때문이다.

Lovicher는 겸손한 사람이다. 내가 가진 것을 자랑하지 않고 가진 것이 넘쳐흘러서 아이들이 보고 감동할 수 있도록 겸손한 삶을 사는 사람이 Lovicher이다. 그러기 위해 끊임없이 채우고 연마하며 겸손의 미덕을 쌓아 가는 사람이다.

2022. 4. 11.

채워서 흘러넘치는 겸손한 Lovicher가 되길 소망하며

More Boots, Less Pants

Pants보다는 Boots가 더 낫다. 앉아서 생각만 하는 것보다 현장에서 직접 뛰는 것이 더 좋다는 의미의 격언이다. "지장(智將)보다는 덕장(德將)이 더 훌륭하지만 더 중요한 것은 현장(現場)이다."라는 경영학의 격언이 있다. Boots를 신고 현장을 이해하고 해결하는 것이 최상이라는 의미이다. 현장에는 문제가 있지만 동시에 해결의 방법도 있는 곳이다.

교실이 현장이다. 교실은 늘 문제투성이고 피하고 싶은 트라우마의 집합소일 수 있다. 하지만 교실이 답이다. 교실은 문제와 함께 꿈꾸며 성장하는 곳이다. 환한 웃음과 화난 욕설이 동시에 난무하고 거친 폭포와 잔잔한 호수가 공존하며 조화를 이루기도 하는 곳이 교실이다. Boots를 신어야 한다. 살아 움직이는 현장에 Boots를 신고 들어가야 한다. Pants는 우아한 탁상공론의 형식은 갖출지 몰라도 해결은 어렵다. 교실에서 답을 찾아야 한다. 가장 위대한 리더는 지장(智將)도 아니고 덕장(德將)도 아니다. 현장인 교실을 지키고 사랑하며 문제를 해결하는 자이다.

Lovicher는 교실에서 답을 찾는 현장의 리더이다. 교실을 사랑하며 교실의 문제를 해결하기 위해 날마다 Boots를 신는 사람이다. 아이들은 현장인 교실을 사랑하며 지키는 사람을 존경하며 따른다. Pants보다는 Boots를 신고 교실에서의 삶을 즐기며 문제와 당당히 맞서서 해결하는 사람이 진정한 Lovicher이다.

2022. 4. 18.
Boots를 신고 교실에서의 삶을 즐기는 Lovicher를 소망하며

명품은 1%를 위해 99%를 포기하는 것이다

혼다자동차 창업자인 혼다 소이치로는 소중한 가치를 위해 99%를 포기할 때 최상의 제품을 만들 수 있다고 했다. 1%의 중요한 가치를 위해 99%를 포기하는 정신이 명품 정신이다. 사람도 마찬가지이다. 지켜야 할 소중한 가치를 위해 잡다한 욕망과 욕심을 과감하게 포기하는 정신이야말로 명품정신이다. 그런 점에서 1%의 가치 있는 일을 위해 99%를 버릴 수 있는 신념을 가진 사람이 존경받는 사람이다.

가끔 일평생 어렵게 모은 전 재산을 아낌없이 기부하는 사람들의 기사가 신문을 장식하곤 한다. 결코 쉬운 일이 아니다. 더 어려운 일은 가치 있는 직업윤리나 맡은 사명을 위해 생명과 같은 가장 고귀한 것을 희생하는 사람들일 것이다. 얼마 전 이천 물류센터 화재 현장에서 소명 의식으로 불길에 뛰어들어 순직한 소방대원 같은 사람들이다. 명품은 일순간에 그냥 만들어지는 것이 아니다. 오랜 기간 축적된 명품정신에 의해 형성된 정신적 힘에 의해 만들어진다.

Lovicher는 명품이다. 왜냐하면 Lovicher 정신이 명품정신이기 때문이다. 사랑하고, 베풀며, 용기를 주고, 격려하며 최선을 다해 가르치는 것이 가장 가치 있는 일이며 지켜야 할 1%이기에 그것을 가장 소중하게 지키는 사람이 Lovicher이다.

2022. 4. 25.

진정한 Lovicher가 명품임을 알길 소망하며

괴짜는 유니크(Unique)한 것이다

카이스트대학의 이광형 총장은 괴짜로 소문난 교수였다. 랩을 홍얼거리고 TV를 거꾸로 보는 사람이다. 교수들에게 왕따를 당하며 외면당하던 그가 카이스트 총장이 되었다. 괴짜이지만 사람들이 그의 실력을 알아봤기 때문이다. 그 역시 특별히 괴짜 학생들을 아끼고 격려하며 키웠다. 그중에서 한 명이 그 유명한 NXC 넥슨의 (고) 김정주 회장이다. 괴짜가 괴짜를 알아보고 키운 것이다. 흔히 우리와 남다른 사람은 괴짜라는 이름으로 특이한 사람으로 취급하려는 경향이 있다. 하지만 괴짜가 세상을 변화시키며 발전의 원동력이 된다.

괴짜는 잘못된 것이 아니라 남과 다른 유니크(unique)한 것이다. Lovicher 역시 괴짜이다. 이 메마른 세상에 사랑으로 가르치며 희생하겠다는 것이 괴짜가 아니고는 할 수 없는 일이다. 우리가 주변에 버림받는 괴짜를 아끼고 키우지 않으면 괴짜를 통해 세상을 변화시킬 수 없다. Lovicher는 괴짜를 아끼고 키우는 사람이다.

2022. 5. 2.

괴짜를 아끼고 키우는 Lovicher가 되길 소망하며

자랑스러운 자이니치

〈파친코〉에서 모자수 역을 열연한 재일교포 3세 배우 박소희는 오른쪽 가슴에는 한반도 왼쪽 가슴에는 일본을 상징하는 배지를 달고 다닌다. 자이니치의 정체성을 나타내는 표시이다. 일본에서 한국인으로 살아가는 자이니치는 아픈 역사를 가진 굴곡진 삶이었지만 그는 당당하게 자이니치를 내세운다. 그것이 진실된 삶을 위한 자신의 정체성이기 때문이다.

Lovicher도 자이니치와 같은 이중적 정체성을 지닌 존재이다. 우리는 왼쪽 가슴에는 자신의 이름을 오른쪽 가슴에는 사랑의 실천자라는 정체성을 지닌 존재이다. 자이니치 박소희처럼 우리도 Lovicher와 ○○○을 표방하며 자랑스럽게 가슴에 정체성을 달고 다니자. 스승의 날 내 가슴에 달린 정체성을 다시 한번 확인하는 시간이 되었으면 하는 바람이다.

2022. 5. 9.

Lovicher의 정체성을 확인하는 한 주간이 되길 소망하며

Please and Thank you

마샬 로젠버그는 그의 책《비폭력 대화》에서 사람들의 말을 두 가지의 범주 즉, Please와 Thank you로 해석하면 사람과의 관계에서 상처받지 않고 비폭력 대화를 할 수 있다고 말한다. 누군가가 무례하고 폭력적인 말을 하면 그것은 'Please' 즉 자신의 진심을 알아달라고 '부탁'하는 것이다. 또한 자신만이 옳고 잘났다고 끝없이 주장하면 그것은 그 모습을 인정해 주어서 '감사'하다는 'Thank you' 의미가 내포되어 있다고 해석하는 것이다.

스승의 날을 보내며 Please와 Thank you를 생각해 본다. 모든 아이들이 선생님을 존경하고 감사하는 것은 아니다. 오히려 아이들의 언행을 통해 상처받고 괴로운 시간이 더 많은 것이 오늘의 교육 현실이다. 그럼에도 그들의 폭력적인 말을 Please(부탁)와 Thank you(감사)로 해석하면 우리의 생각과 말이 달라진다.

Lovicher는 비폭력 대화의 실천자이다. 모든 사람의 말을 Please와 Thank you로 해석할 때 우리의 마음속에 상대를 이해하는 힘과 그를 위한 배려의 마음이 생길 수 있다. 아이들의 무례하고 폭력적인 모든 언어는 "선생님 저에게 관심 좀 가져 주세요!"라는 'Please'의 함성으로 들을 수 있는 사람이 Lovicher이다.

2022. 5. 16.

Please와 Thank you의 실천자가 되는 Lovicher가 되길 소망하며

`Please & Thank you`의 실천자가 되는 Lovicher

한 팔을 잃었지만 꿈을 얻었다

한 팔이 없는 보디빌딩 선수가 있다. 신체 좌우 근육을 고르게 단련해야 높은 점수를 받는 보디빌딩 세계에서 팔 하나가 없다는 건 극복하기 힘든 핸디캡. 그런데 이 '외팔 보디빌더'가 대형 사고를 쳤다. 지난해 9월 국내 최고 권위 대회 'WBC 피트니스 월드 바디 클래식'에서 비장애인과 겨뤄 4관왕을 차지한 것이다. 대회 사상 첫 절단 장애인 참가자이자, 피트니스 운동 경력이 2개월밖에 안 된 초보 선수의 깜짝 우승이었다. 심사위원 앞에서 팔이 없는 한쪽 어깨를 당당하게 내밀며 구릿빛 육체미를 뽐내는 그의 사진과 영상은 소셜미디어에서 폭발적 화제를 모았다.

그의 이름은 김나윤. 한 팔을 잃었지만 새로운 꿈을 얻었다고 당당하게 삶을 극복한 한 인간의 삶의 성공스토리이다. 잃는 것에 집착하지 않고 새로운 꿈을 위해 도전하는 많은 장애인이 있지만 김나윤처럼 1-2년의 짧은 시간에 트라우마에서 극복한 사람은 거의 없다.

우리도 삶에서 잃어 가는 것이 있다. 인간관계를 잃기도 하고 소중하게 아끼던 것들을 잃기도 한다. 그러나 잃는 것에 집착하지 않고 새로운 꿈을 향해 도전하는 삶이야말로 진정한 승리자이다.

Lovicher는 날마다 새로운 꿈을 향해 달려가는 승리자이다. 아이들과의 삶에서 잃는 것보다 새롭게 얻는 것을 위해 달려갈 때 행복한

Lovicher의 삶을 살아갈 수 있다. 절단된 팔을 당당하게 내어놓고 보디빌딩을 하는 김나윤을 통해 이 아침에도 새로운 도전의 마음을 다져본다.

2022. 5. 23.
새로운 꿈을 향해 도전하는 Lovicher를 꿈꾸며

Blessed is the man(복 있는 사람)

복 있는 사람은 하는 일이 잘되고 형통한 사람이다. 지난 주 월요일 새벽 대한민국을 행복하게 한 손흥민은 복 있는 사람이다. 그의 성공적인 스토리를 통해 대한민국이 행복하며 기쁨을 누렸다. 복 있는 사람은 자신의 삶에서 형통함도 있지만 다른 사람을 행복하게 하며 행복과 꿈을 나누어 주는 사람이다. 그런 면에서 손흥민은 진짜 복 있는 사람이다. 그는 많은 사람들에게 행복과 꿈을 나누어 주는 사람이기 때문이다.

누구나 자신의 삶을 통해 다른 사람에게 작은 행복이나 기쁨, 꿈을 나누어 주고 있다면 그는 복 있는 사람이다. 그런 면에서 Lovicher는 복 있는 사람이다. 우리의 삶을 통해 아이들에게 사랑과 꿈을 나누어 줄 수 있기 때문이다. 진정한 Lovicher의 삶을 통해 우리 모두 복 있는 사람이 되는 것이 곧 아이들을 행복하게 하는 일이다.

2022. 5. 30.

우리 모두 복 있는 Lovicher가 되길 소망하며

Memorial Day – 남강 이승훈 선생

오늘은 나라를 위해 목숨을 바친 수많은 순국선열을 기리는 날이다. 이날에 특별히 일제 강점기에 교육을 통해 애국적인 삶을 산 남강 이승훈 선생님을 기억한다. 남강 이승훈 선생은 청년 시절에는 장사를 하며 많은 돈을 벌기도 했지만, 1907년에 민족 교육의 중요성을 강조한 도산 안창호 선생의 강연을 듣고 모든 재산을 팔아 조선 독립을 위한 민족 교육 운동에 뛰어들었다. 그는 독립 운동을 위한 인재 육성의 중요성을 인식하며 오산 학교를 설립하여 민족의 지도자 양성에 일생을 바쳤다. 그는 오산 학교에서 수업 시간을 알리는 종을 치거나 화장실을 청소하는 일을 하는 것으로 겸손하게 봉사했다. 3·1 독립선언에 참여한 33인 중에 한 명으로 투옥과 고난의 삶을 살았지만 죽을 때까지 민족의 독립 운동을 위해 헌신하였다.

이승훈 선생은 죽기 전에 자신의 모든 신체 장기를 생물 시간에 사용할 수 있는 인체표본으로 만들어 학생들을 가르칠 때 학습교재로 사용하도록 당부했다. 하지만 일제가 이승훈 선생의 유골이 학생들에게 민족정신을 고취시킬 우려가 있다고 생각하여 억지로 유골을 매장해 버렸다. 배운 것은 많지 않았지만 일생을 나라와 민족을 위해 헌신하며 자신의 유골까지 민족정신을 일깨우는 교육자료로 사용하길 원했던 남강 이승훈 선생의 삶을 기억하며 가슴에 새기는 것은 남은 우리들의 몫

일 것이다.

　민족의 지도자요 참된 스승의 교육적 삶을 본받는 것이 Lovicher 정신이다. 나라와 민족을 위한 거창한 구호가 아니라도 교실의 한 아이를 살리는 것이 남강 이승훈과 같은 민족의 지도자를 길러내는 일과 같은 것이다. 장사꾼이었던 남강이 도산의 민족개조론에 감동하여 민족의 지도자가 되는 길로 갔듯이 오늘도 누군가가 우리의 모습과 삶을 통해 남강 이승훈 선생과 같은 사람이 되려고 한다면 그것이 곧 도산 안창호 선생과 같은 삶을 사는 것이다. Lovicher가 바로 그런 사람이다.

2022. 6. 6.

남강 이승훈 선생의 삶과 정신을 따르는 Lovicher가 되길 소망하며

'소울리스(Soulless) 좌'와 '소울맥스(Soul-max) 좌'

'소울리스(Soulless: 영혼 없는) 좌'라는 말은 영혼을 담지 않고 일하며 최고의 경지에 도달한 사람(본좌)을 이르는 말이다. 최근에 애버랜드에서 일하는 '소울리스(Soulless: 영혼 없는) 좌'의 모습이 수많은 사람들에게 색다른 감동을 주었다. 그는 에버랜드 내에 있는 놀이기구 아마존 익스프레스 앞에서 관람자를 위한 안내 사항을 속사포처럼 랩으로 쏟아내며 전달하는 김한나(23) 씨이다. 큰 힘 들이지 않는 것처럼 보여도 랩으로 안내사항을 발음이나 박자, 음정까지 흠잡을 데가 없이 재미있게 전달한다. 해야 할 일에 대한 과한 열정은 걷어내되, 해야 할 일은 놓치지 않는 모습이 영혼 없이 일하는 것처럼 보이지만 해야 할 일을 정확하게 해내는 '소울리스 좌'다운 모습이다. 김 씨의 모습을 담은 영상은 현재 유튜브 조회 수 1700만을 기록했다. 영혼 없이 할 일을 하는 모습에 많은 사람이 자신의 모습을 투영하면서 공감을 얻었기 때문이다.

반면에 영혼을 담아서 최선의 노력을 다하는 사람의 모습을 '소울맥스(Soul-max: 영혼 충만) 좌'라고 한다. 기계적으로 일하는 단순노동은 영혼을 담지 않아도 큰 문제는 없다. 그러나 한 분야에서 최고의 경지에 오르거나 최소한의 성공을 위해서는 소울맥스의 정신이 필요하다. 인간관계를 비롯한 대부분의 일은 영혼을 담아 최선을 다하지 않으면 끝까지 잘 해낼 수도 없고 감동을 줄 수 없기 때문이다. 그중에서도 사람을 가르치는 일은 무엇보다 '소울맥스' 정신이 필요하다. 세상일에 기적은 없다. 더구나 가르치고 배우는 일에는 더더욱 기적은 없다. 기적과 같은 일들은 오직 영혼을 담아서 정성을 다해 가르칠 때 그 결과로 나타나는 것일 뿐이다

Lovicher는 '소울맥스 좌'이다. 사랑을 담아 영혼으로 최선을 다해 아이들을 가르치는 사람이 Lovicher이다. 아이들을 이해하고 정성껏 배려하며 격려하는 소울맥스 상태에서 기적과 같은 변화의 물결을 일으킬 수 있다. 그 변화의 선봉에 서서 최선을 다해 영혼을 바치는 사람이 Lovicher이다.

2022. 6. 13.

Soul-max의 삶을 사는 Lovicher가 되길 소망하며

'축잘알'과 '축잘못'

최근에 축구 A매치 기간이라 많은 축구팬들이 가까이서 손흥민, 네이마르 등 스타들의 경기를 보는 호사를 누렸다. 축구를 잘 알지 못하는 '축잘못'은 손흥민의 기적 같은 골에 찬사를 보내며 축구의 축제를 즐기는 정도의 수준에서 끝났을 것이다. 기적 같은 골에 열광하며 즐기는 것으로 만족하며 그 이상의 관심이 없거나 축구에 대한 전반적인 내용 분석이나 전망을 하지 못하는 사람은 '축잘못'이라는 부류에 속한다. 하지만 축구를 잘 아는 '축잘알'은 한국 축구의 미래를 예측하며 다가올 월드컵을 걱정하는 분위기이다. '축잘알'과 '축잘못'은 똑같은 축구 경기를 보고도 판단과 느낌이 다르다. 축구장에서 수많은 팬들이 골이 터질 때마다 열광하지만 그곳에는 '축잘알'과 '축잘못'의 다른 시각이 존재한다. 단지 결과만 보는 '축잘못'과 전체적인 흐름과 과정을 보고 평가할 수 있는 '축잘알'의 차이는 크다.

어느 한 분야를 잘 아는 사람과 잘 모르는 사람의 차이는 관심과 그 분야를 이해하기 위해 노력의 결과에 따라 달라진다. '축잘못'은 단지 승부의 결과에만 흥미와 관심이 있지만 '축잘알'은 경기 과정을 분석하고 미래를 예측하며 발전적 대안을 생각하는 전문가이다. 단순히 경기 순간을 즐기는 사람과 이해하고 분석하며 평가하는 시각에서 즐기는 사람과의 차이는 천지 차이다. 누구든지 한 분야에서 전문가가 된다는 것은 '축잘알'과 같은 수준의 관심과 노력이 동반되어야 한다.

Lovicher는 '축잘알'과 같은 가르치는 전문가이다. 교실에서 다양한 모습으로 열심히 축구를 하고 있는 아이들을 보며 '축잘못'의 미시적 한계에서 벗어나 '축잘알'의 시각으로 아이들의 움직임과 행동과 삶을 보는 전문가의 눈을 가진 사람이 Lovicher이다. 교과목에 대한 전문지식은 물론 인성을 기르며 사람됨을 지혜롭게 가르치는 훈육의 과정과 방법을 아는 사람이 '축잘알'과 같은 전문가이며 진정한 Lovicher이다. '축잘알'은 그냥 되는 것이 아니다. Lovicher는 사랑의 훈육과 가르치는 전문가가 되기 위해 사랑하는 법을 알기 위한 끊임없는 노력과 관심을 기울이는 사람이다.

2022. 6. 20.

'축잘알'과 같은 Lovicher가 되길 소망하며

허준이와 히로나카 헤이스케

한국 최초로 수학의 노벨상이라고 하는 필즈상을 수상한 프린스턴 대학의 허준이 교수는 한국이 자랑할 세계적인 수학자이다. 수상자가 된 후 그는 인터뷰를 통해 오늘의 그가 있게 한 결정적인 스승은 히로나카 헤이스케 하버드대학 명예교수라고 고백하고 있다. 서울대학에 진학은 했지만 수학은 전혀 재능이 아니라고 생각한 허준이 교수는 우연히 히로나카 교수의 강의를 수강하면서 수학에 흥미를 느끼고 그의 제자가 된다. 히로나카 교수의 연구하는 모습을 보고 배우며 그를 통해 숨겨진 재능을 발휘하게 된 것이다. 숨겨진 재능을 발견하고 발휘하는 것은 누군가의 도움이 필요하다. 그런 점에서 히로나카 교수는 오늘의 허준이 교수를 만든 결정적인 은인이다.

이미 알려진 대로 허준이 교수는 일반적인 예상 경로를 비켜 간 특이한 그의 인생 궤적으로 유명하다. 어린 시절엔 구구단 외기도 버거웠다. 중2병도 아니고 고1병을 심하게 앓았고 매일 교문 앞에서 하교하는 친구들 기다렸다가 PC방에 가는 것이 일상이었다 한다. 고등학교 땐 시인이 되고 싶어 자퇴하고 검정고시를 쳤다. 대학 전공은 수학이 아닌 과학(서울대 물리천문학부). 성적표엔 F가 수두룩했다. 그러던 허준이 에게 히로나카 교수의 강의는 운명적인 만남이 되었다.

우리 주변에도 이와 같이 숨겨진 재능을 알지 못해 엉뚱한 모습으로 살아가며 방황하는 아이들이 있다. Lovicher는 이와 같은 아이들을 눈여겨보며 그들을 이해하기 위해 노력하며 그들의 재능이 발휘되도록 도와주는 사람이다. 우리 스스로가 헤이스케 교수가 될 수는 없지만 주변에 제2의 허준이 같은 인재가 방황하고 없는지 살펴보고 재능을 발휘할 길을 안내하고 용기와 격려를 해 주는 일은 할 수 있다. 아이들에 대한 관심과 사랑과 배려의 마음만 있다면 우리가 바로 헤이스케 교수이다. Lovicher는 헤이스케 교수와 같은 사람이다.

2022. 7. 11.

재능을 발견하고 계발해 주는 Lovicher가 되길 소망하며

자,
이거받아

재능을 발견하고 계발해주는 Lovicher가 되길 소망하며

'인파출명저파비(人怕出名豬怕肥)'

'사람은 이름나는 것을 두려워해야 하고, 돼지는 살찌는 것을 두려워해야 한다'는 말이다. 겸손을 강조하는 중국의 속담을 손흥민의 아버지 손정웅 씨가 인용하면서 유명해진 말이다. 그는 손흥민을 좋아하는 많은 사람들이 '세계 최고'라고 치켜세우는 것에 대해 한사코 "절대 '월드클래스'가 아니다."고 반박한다.

그는 《모든 것은 기본에서 시작한다》라는 그의 책에서 손흥민이 어린 시절부터 상 같은 걸 받아 올 때면 '축하한다, 고생했다'라고 칭찬은 하지만 집에 들어오면서 그 상장과 상패는 분리수거하고 들어오게 했다고 한다. 절대로 자만하지 않고 겸손하게 자신의 부족함을 생각하게 하는 교육방법이다. 그는 손흥민의 성장 과정을 지켜보면서 "자신이 이룬 성과에 만족하면 그 자리에 주저앉고 말기에 나는 그것이 항상 두려웠다."라고 고백한다.

손정웅 씨의 겸손과 솔선수범이 오늘의 손흥민을 만들었다. 이름이 나는 것을 두려워할 줄 아는 겸손함이 도리어 그의 훌륭함을 돋보이게 한다. 축구는 물론이고 매사에 기본에 충실한 삶으로 자신의 역량을 키우며 스스로 낮아지려는 손정웅과 손흥민 父子를 보면서 기본에 충실한 겸손한 삶이 가져올 멈추지 않을 성장의 결과를 생각한다.

Lovicher는 기본에 충실한 삶을 사는 사람이다. 가르침의 기본은 사랑이며 겸손이다. 아이들에게 사람이 갖추어야 기본이 무엇인지 보여 주고 가르쳐 주는 것이 사랑이다. 어렵지만 말과 행동으로 보여 주어야 하는 삶의 모습이다. Lovicher의 삶의 모습에서 겸손하고 사랑이 넘쳐흐를 때 아이들은 기본이 무엇인지 이해하며 따르기 시작할 것이다. 아이들이 선생님을 존경하며 따르는 것은 기본 중의 기본이다. 아이들이 이 기본을 지키기 위해 먼저 기본을 보여 주며 가르치는 사람이 Lovicher이다.

2022. 7. 18.

기본에 충실한 Lovicher를 소망하며

Reverse Mentoring(역멘토링)

초역전의 시대가 시작되었다.

자식이 부모보다 똑똑하고 후배가 선배보다 똑똑하고 사원이 임원보다 똑똑하고 병사가 간부보다 똑똑한 세상이다. 이는 지능(IQ)의 차이가 아니라 신문명의 주기가 단축되면서 나타나는 세대의 역전 현상이다. 신세대가 기성세대를 가르치는 세상, 즉 Reverse Mentoring(역멘토링)의 시대이다.

원래 GE의 잭 웰치 회장이 1999년에 신제품 개발을 위한 경영학적 의미에서 만든 개념이지만 하루하루 초역전의 상황이 격렬하게 진행되는 시대를 맞아 Reverse Mentoring(역멘토링)이 다시 떠오르고 있다. 노인 한 분의 경험과 지식이 도서관 한 개 정도라면 신세대들은 앉은 자리에서 전 세계 도서관 수백 개를 검색하는 세상이기에 기성세대가 신세대의 적응력과 똑똑함을 인정하고 배워야 하는 세상이다.

하지만 대부분의 사람들은 역전되는 상황을 달가워하지 않거나 인정하기 싫어한다. 특별히 상대가 자신보다 사회적 지위가 낮거나 세대가 아래인 사람에게 멘토링을 받는 것을 부자연스럽게 생각한다. 그것이 신세대가 유능한 IT와 같은 특수한 분야에서는 자연스럽게 수용하지만 오랜 경험치에 의한 경륜으로 판단하는 문제에 대해서는 거부하려는 경향이 더 강하다. 실제로 윤리 도덕적 문제와 복잡한 정치 사회적 문제에 관해서는 좀처럼 Reverse Mentoring을 허락하지 않으려 한다. 하지만 지식을 습득하며 창의적 발상을 이끌어 내는 사고의 확장성이 뛰어난 신세대를 이길 수 있는 기성세대는 없다. 그런 점에서 Reverse Mentoring은 문명의 발전적 단계에서 파생하는 현상이고 시대적 변화의 경향이다.

학교에서도 이미 우리보다 더 똑똑한 아이들을 가르치며 그들에게서 항상 배우며 살고자 하는 Reverse Mentoring의 자세가 필요한 세상이 왔다. 그들의 생각과 사고의 공간을 확장하며 펼치기 위해 귀를 열어 그들의 말을 들어야 한다.

Lovicher는 겸손하게 Reverse Mentoring에 귀를 기울이는 사람이다. 아이들을 통해 배울 것을 살피며 모자람을 부끄러워하지 않고 배우지 않는 것을 부끄러워할 줄 아는 사람이 Lovicher이다.

7. 25.

Reverse Mentoring에 귀를 기울이는 Lovicher가 되길 소망하며

Check the Routine

원래 루틴(routine)은 운동선수들이 최고의 운동 수행 능력을 발휘하기 위하여 습관적으로 하는 동작이나 절차를 말한다. 예를 들면 골프선수들이 샷을 하기 전에 스윙을 해 보는 습관화된 동작이 루틴이다. 운동선수는 최상의 운동 수행을 위해 루틴을 이용하지만 많은 사람들은 일상의 삶에서 평소에 하던 대로의 습관화된 루틴에 의해 살아간다. 좋은 루틴을 가진 사람은 성공적인 삶을 위해 달려가지만 나쁜 루틴을 가진 사람을 낭비하는 삶을 살아갈 수밖에 없다. 쉬운 예로 새벽 일찍부터 시간을 아끼며 열심히 살아가는 루틴을 가진 사람은 성공적인 삶을 살아갈 수 있다.

일상의 삶의 루틴을 점검해 보자. 특별히 아이들을 바라보며 가르치는 루틴을 점검해 보자. 하루에 몇 번 이름을 불러주며 관심을 보여 주었는지, 몇 번 미소와 칭찬을 해 주었는지, 교실에서의 루틴을 점검하자. 하루의 삶의 루틴을 점검하고 고쳐 나가는 것만으로 간단하지만 큰 변화를 가져올 수 있다. 스마트폰을 사용하는 루틴을 check하고 바꾸는 것만으로도 변화는 시작된다. 삶의 루틴을 체크하고 다시 새로운 루틴으로 결정하고 바꾸어 가는 과정이 계속 이어지면 자존감이 높아지고 계획적인 삶을 성취해 나갈 수 있다.

삶의 루틴을 체크하자(Check the Routine). 진정한 師表가 되기 위해 삶의 루틴을 끝없이 점검하고 바꾸어 가는 사람들 진정한 Lovicher이다. 날마다 가르침을 위한 좋은 루틴을 생각하며 끊임없이 자신의 루틴을 수정해 나가는 사람이 진정한 Lovicher이다. 그중에서 가장 중요한것은 아이들을 이해하고 베풀며 격려하는 루틴을 날마다 check하는 것이다.

2022. 8. 1.
삶의 루틴을 끝없이 점검하고 바꾸어 가는
Lovicher가 되길 소망하며

H 마트에서 울다

2013년 교환교수로 미국에 있을 때 조지아주 아틀란타에 있는 하나로 마트(H Mart)를 간 적이 있었다. 한국보다 더 한국다운 상품으로 가득 찬 마트였다. 마트를 둘러보며 많은 종류의 김치, 젓갈, 떡볶이, 짱구과자, 뻥튀기 등과 같은 다양한 상품과 남대문 시장 같은 분위기에 미국 속의 한국이었다는 느낌을 받았다. H 마트에는 한국 사람이 많지만 외국인과 미국인들도 즐겨 찾는 곳이다. 최근에 한국인 엄마와 미국인 아빠 사이에 태어난 미셸 정미 자우너가 쓴《H 마트에서 울다》가 베스트셀러로 올랐다. 버락 오바마가 추천하고 뉴욕 타임스 아마존에서 '올해의 책'으로 선정해서 더 유명해졌다. 그녀의 middle name 정미는 엄마의 이름이었다.

미셸 정미 자우너가 이번 한국 방문 도중 엄마 생각에 다시 울음을 터뜨려서 화제이다. 엄마가 돌아가신 이후로 H 마트에서 한국 음식과 한국인의 입맛을 통해 엄마를 기억하며 한국인의 정체성을 발견하고 울고 있는 자신이 모습을 그려 낸 이야기이다. 한국인과 미국인 사이의 정체성의 혼란 속에서 자신을 찾아가는 주인공 미셸의 삶을 통해 '나는 누구인가?'라는 질문을 스스로에게 던지는 우리의 모습을 보게 된다. 자신이 하는 일과 삶에서 정체성이 분명한 삶을 산다는 것은 행운이다.

'나는 누구인가?'라는 질문을 스스로에게 던질 때마다 H 마트 같은 곳이 있다면 좋겠다고 생각한다. H 마트에 들어설 때마다 눈물이 나며 자신의 정체성을 확인하듯이 우리의 정체성을 확인할 수 있는 곳이 아이들이 나를 빤히 바라보는 교실이었으면 좋겠다. 아이들을 만나거나 교실에 들어설 때마다 Lovicher의 정체성을 확인할 수 있다면 이미 위대한 Lovicher가 된 것이라 생각한다.

2022. 8. 8.

교실에 들어설 때마다 눈물이 나오는 Lovicher가 되길 소망하며

Flow Festival를 보며 폭우 피해를 걱정한다

"무궁화 꽃이 피었습니다."

12일(이하 현지 시각) 오후 8시 핀란드 수도 헬싱키 북동쪽 폐기된 발전소 터 '수빌라티(Suvilahti)'에서 나이지리아 출신 래퍼 '버나 보이(Burna Boy)'가 드라마 〈오징어게임〉 속 대사를 활용한 곡 〈디퍼런트 사이즈(Different Size)〉를 노래하자 객석에서 환호가 터졌다.

이날 '버나 보이(Burna Boy)'가 무대에 선 '플로 페스티벌(Flow Festival)'은 북유럽 최대 규모 야외 음악 축제이자 가장 혁신적인 축제로 불린다. 그러나 이 축제가 주목받는 건 화려한 출연진 때문만이 아니다. 핀란드는 플로 페스티벌을 대표적인 친환경 축제로 만들었기 때문이다.

이 축제에서 '가금류와 붉은 육류'는 찾아볼 수 없다. 대부분 음식을 콩고기 같은 대체육과 튀긴 두부 등을 활용한 채식 혹은 해산물 메뉴로 채웠다. 자전거 주차장을 마련했고, 축제장 내 모든 전기는 핀란드 전기 업체에서 풍력 생산 인증 전기를 구매해 쓴다.

환경 파괴에 의한 지구온난화 문제를 모르는 지구인은 없다. 그러나 실천하는 문제는 남의 문제이다. '실온에 놓인 얼음 조각 같은 운명'이라고 말하는 환경학자의 진단이 지구의 미래를 한마디로 말하고 있다. 지구인 한 사람 한 사람이 친환경을 생각하며 실천해야 할 당위성은 이번 여름에도 뜨거운 지구를 통해 잘 증명되었다.

학교의 모든 행사와 교실에서의 삶을 필란드의 Flow Festival처럼 설계하고 실천하는 노력이 필요하다. 가능한 작은 일에서부터 친환경을 생각하며 행동하는 일에 학교가 앞서나가야 한다. Lovicher는 이런 일에 적극적으로 앞장서는 선구자이다. 교실에서의 작은 일에서부터 친환경을 생각하며 실천하는 모범적인 행동이 지구를 살리는 작은 발걸음이 될 수 있다. 교실에서의 친환경 실천 운동이 가정과 사회와 국가로 확산되어 나갈 수 있도록 모범을 보이는 선구자가 Lovicher이다.

2022. 8. 15.
친환경 수업의 선구자가 되는 Lovicher가 되길 소망하며

광야에 길을 사막에서 강을

삶의 목적이 분명하고 잘 정비된 길을 가는 인생은 행복한 인생이다. 그러나 대부분의 삶은 그렇지 않다. 황량한 광야에서 어디로 가야 할지 몰라 길을 찾아 헤매는 것과 같은 것이 우리의 인생이고 우리의 삶이다. 길은 찾기 위해서는 먼저 어디로 갈 것인가 하는 목적이 분명해야 한다. 삶의 목적이 한결같이 분명하고 변하지 않는 사람은 광야에서도 길을 찾아갈 수 있다. 왜냐하면 방향이 하나의 방향이고 바뀌지 않기 때문이다.

마찬가지로 사막의 오아시스에서 사는 사람도 행복하다. 필요한 것이 풍족하기 때문이다. 그러나 대부분의 사람은 오아시스를 찾기 위해 사막과 같은 삶의 현장에서 물을 찾아 헤매고 있다. 사막에서 오아시스와 강을 만나는 것은 기적 같은 일이지만 사막에서 오아시스를 향해 계속해서 걸어가는 사람에게 반드시 마주칠 수 있는 결과이고 기적이다.

광야에서 길을 찾기 위해서는 하나의 목적으로 같은 방향으로 나아가야만 하고 사막에서 강을 찾기 위해서는 강이 있는 곳으로 계속 걸어야 한다. 잠시 방향을 잃었다면 다시 길을 찾아 나서는 용기와 노력이 필요하다. 아이들은 광야에서 삶의 목적을 위해 길을 찾는 탐험의 삶을 살고 있고 때로는 물을 찾는 안타까움으로 막막한 사막을 걷고 있기도 하다. 그들을 바라보는 우리가 길을 찾는 나침반이 되어 주고 때로는 올바른 방향을 가리킬 수 있는 이정표가 되기도 하며 사막을 걷는 아이들을 부축하는 어깨가 되어야 한다.

Lovicher는 목적이 분명한 사람이기에 광야에서 길을 찾을 수 있고 쉬지 않고 달려가는 자이기에 사막에서 강을 만나는 사람이다. 광야와 같은 교실에서 아이들이 걸어가야 할 길을 내고 사막과 같은 학교현장에서 오아시스와 같은 강을 만들 수 있는 사람이 Lovicher이다.

2022. 8. 24.

광야에서 길을 내고 사막에서 강을 만드는 Lovicher가 되길 소망하며

나침반과 바이올린

아인슈타인의 담임선생님은 약간의 자폐증세와 학업 성적이 좋지 않은 아인슈타인을 지진아로 분류하고 성적기록부에 '이 아이는 나중에 무엇을 해도 성공할 가능성이 없음'이라고 기록했다. 그러나 아인슈타인의 어머니는 "너는 세상의 다른 아이들에게는 없는 훌륭한 장점이 있단다. 그래서 이 세상에는 너만이 감당할 수 있는 일이 너를 기다리고 있어. 그 길을 찾아가야 한다. 너는 틀림없이 훌륭한 사람이 될 거야." 라고 아들을 격려해 주었다. 유대인의 교육방법 중의 하나인 경쟁에서 최고를 지향하기보다는 남과 다른 길을 찾아 나서는 삶을 살도록 한 것이다.

아인슈타인은 어릴 때부터 아버지가 사준 나침반을 가지고 놀았다. 나침반의 바늘이 항상 북쪽을 가리키는 것을 보고 우주의 힘이 숨어 있음을 느끼며 이에 대한 관심을 가지기 시작했다. 또한 여섯 살부터 배우기 시작한 바이올린을 통해 모차르트 음악 속의 수학적 구조를 깨달으며 바이올린 연주를 통해 집중력을 키워나갔다. 고등학교는 중퇴했고 대학도 낙제 수준의 성적이었기에 졸업 후에도 취직이 어려웠다. 그러나 책을 읽고 토론하며 상상력을 키워나가는 집중력은 그 누구보다 뛰어났다.

어릴 때 무엇을 해도 성공 가능성이 없는 아이라는 선생님의 낙인을 지우고 아인슈타인은 26살에 다섯 편의 논문을 한꺼번에 발표했다. 유명한 특수 상대성 이론과 질량과 에너지 등가설 이론($E=mc^2$)도 이때 발표된 논문이다. 위대한 천재라는 아인슈타인은 학교 선생님의 눈에는 지진아요 자폐아였지만 부모의 믿음과 격려가 아인슈타인을 위대한 천재로 만들었다.

Lovicher는 우리 교실에 아인슈타인과 같은 특별한 아이들이 있다는 것을 믿고 지지하는 사람이다. 교실에서는 비록 최고가 아니라도 남과 다른 길을 가는 아이를 응원하며 창의력과 상상력을 발휘할 수 있도록 도와주는 사람이 Lovicher이다.

8. 29. 아침에

믿음과 격려로 숨겨진 천재를 길러내는 Lovicher가 되길 소망하며

걸림돌과 디딤돌

 길을 가다가 돌이 나타나면 약자는 그것을 걸림돌로 보고 강자는 그 것을 디딤돌이라고 생각하며 행동한다고 한다. 토마스 카알라일의 말이다. 삶의 목적이 분명한 사람은 가장 험난한 길을 만나도 앞으로 나아가고 목적이 불분명한 사람은 순탄한 길에서도 앞으로 나아가지 못한다. 우리가 가는 삶의 길에는 늘 문제가 되는 돌이 있기 마련이고 삶의 길에서 만나는 문제를 걸림돌로 보느냐 아니면 극복하며 나아갈 디딤돌로 보느냐에 따라 우리의 삶이 결정되기 때문이다.

 삶의 길에는 많은 돌들이 널려 있다. 그 돌을 만날 때마다 삶의 목적을 분명하게 붙잡고 나아가면 걸림돌이 아니라 밟고 앞으로 나아갈 수 있는 좋은 디딤돌이 될 수 있을 것이다.

 말썽 피우며 문제를 일으키는 아이들은 어디든지 있다. 하지만 Lovicher 가 가야 하는 길에는 이 돌이 걸림돌이 아니라 오히려 Lovicher의 정신을 더 단단히 발휘할 수 있는 디딤돌이 되어야 한다. 아이들을 가르치는 삶의 길에서 만나는 수많은 돌들이 하나하나 디딤돌이 되어 갈 때 Lovicher의 향기가 짙어지고 Great Lovicher의 꿈이 영글어 갈 것이다.

2022. 9. 5.

걸림돌을 디딤돌로 밟고 나아가는 Lovicher가 되길 소망하며

걸림돌을 디딤돌로 밟고 나아가는 Lovicher

내가 보이면 울어라
(Hunger Stones에 새겨진 말)

Hunger Stone은 유럽에서 심각한 가뭄의 지표로 삼아 왔던 돌을 이르는 말이다. 강 수위가 크게 낮아지면 강의 바닥에서 그 모습을 드러낸다. 가장 유명한 헝거 스톤은 1616년 제작된 것으로 추정되는 체코 엘베강 유역의 헝거 스톤인데, 여기에는 "Wen du mich seehst, dann weine(내가 보이면 울어라)."라고 새겨져 있다. 당연히 가뭄이 오면 고통과 슬픔이 따르기 마련이기에 헝거스톤이 보이면 울 수밖에 없는 상황이다. 헝거스톤이 보이지 않는 상황이 평온한 일상의 삶이다.

가뭄과 같은 천재지변은 인간의 의지와 노력으로 막을 수 없다. 따라서 헝거스톤은 나의 의지와 상관없이 올 수 있는 고통스러운 상황이다. 우리의 삶에서도 헝거스톤과 같은 고통의 날이 올 수 있으며 그때가 오면 울 수밖에 없다.

우리가 만나는 아이들에게도 그들의 삶에서 원하지 않는 다양한 형태의 헝거스톤을 만날 수 있다. 그때 아이들은 고통 속에서 울 수밖에 없다. 때로는 현실을 도피하기 위한 일탈과 극단적 선택을 하기도 한다. 헝거스톤을 만난 아이들의 고통과 슬픔을 위로하고 함께하며 극복할 수 있는 용기를 주는 사람이 필요하다.

Lovicher는 Hunger Stone을 만난 아이들과 함께 울며 그들이 기댈 수 있는 든든한 어깨가 되어 주는 사람이다. 위로하고 회복할 수 있도록 희망의 나무를 심어 주는 사람이다. 아이들이 성장하며 겪는 수많은 Hunger Stones 앞에서 울고 있을 때 담대하게 맞서도록 용기를 주는 사람이 Lovicher이다.

2022. 9. 19.
Hunger stones 앞에서 희망과 용기를 심어 주는
Lovicher가 되길 소망하며

Follow Me!

나를 따르라! 얼마나 자신만만한 외침인가? 군대의 지휘관이 부하들에게 하는 명령과 같은 말이다. 따름에는 두 가지 형태가 있다. 형식적인 따름의 모델은 단순히 따름의 모델이 되는 사람의 행동이나 생각을 일시적으로 혹은 물리적으로 따라가는 형태이다. 그러나 진정한 따름은 따름의 모델이 되는 사람의 삶의 속성을 닮아 가는 것이다. 그것은 생각과 행동에 내포된 의미와 가치를 닮아 가는 것이다.

유행과 세류에 휩쓸려 형식적으로 남의 행동을 무비판적으로 따르는 것은 의미 없는 껍데기와 같은 따름의 형태이다. 주체적 판단 의식 없이 따라가는 삶이기에 결국은 따름의 대상을 놓치고 표류하다가 좌초하고 만다. 하지만 따르고자 하는 대상의 상징적인 가치와 의미를 정확하게 인지하고 그 속성을 닮기 위해 노력하며 따라가는 삶은 의미 있는 따름의 방식이다. 그 모델이 따름의 가치가 있는 훌륭한 사람이라면 따르는 사람의 운명과 직결된다.

Lovicher는 따르는 자이며 동시에 많은 학생들에게 삶의 모델로서 따름의 대상이 되는 자이다. 우리가 가는 길을 보며 따라오는 수많은 사람이 있다는 것을 다시 한번 되새기며 나의 앞에 가는 사람을 바라보자. 난 누구를 따르고 있는가?

2022. 9. 26.

많은 학생들에게 따름의 대상이 되는 Lovicher를 소망하며

아직 아무것도 실패하지 않은 하루

아침은 아직 아무것도 실패하지 않은 하루이다. 시작하지 않았기에 아직은 실패하지 않았다. 따라서 아침에 무엇을 어떻게 하느냐 하는 것은 매우 중요하다. 하루의 성패가 결정되기 때문이다. 좋은 습관으로 성공적인 시간을 관리하는 사람들은 아침에 가장 중요하지만 하기 싫은 일을 먼저 한다. 중요하기 때문이고 반드시 해야 할 일이기에 미루지 않는 것이다. 하기 싫은 일을 하루의 시작에 해치우고 나면 나머지 하루는 얼마나 여유롭고 행복한 시간인가?

아직 아무것도 결정되지 않은 아침에 가장 중요한 일을 하는 습관을 가져 보자. 그것은 성공적인 삶을 향한 작은 습관의 시작이지만 결정적인 습관이 될 수 있다. 아침에 처음 만나는 학생들이 오늘 하루의 삶을 결정한다. 웃으며 그들을 맞이하고 이해와 관심과 배려를 위한 말과 행동으로 하루를 시작하는 것은 실패하지 않는 하루가 되기 위한 가장 중요한 일이고 우선적으로 최선을 다해야 할 일이다.

Lovicher는 아침에 중요한 일을 시작하는 좋은 습관의 실천자이다. 아침에 가장 중요한 일을 먼저 하는 우리의 삶의 모습을 통해 아이들이 변하고 교실이 변할 수 있다. 그 변화는 Lovicher의 실패하지 않는 아침에서부터 시작된다.

2022. 10. 3.

아침에 중요한 일을 하는 Lovicher가 되길 소망하며

험담은 세 사람을 죽인다

유대인 부모들은 아이들이 유치원에 갈 때부터 꼭 지켜야 할 두 가지 원칙을 가르친다고 한다. 첫째는 말하는 시간의 두 배만큼 남의 말을 듣는 것이고, 둘째는 어떤 경우에도 친구 험담을 하지 말라는 것이다. 말하는 것보다 듣는 것을 우선시하라는 것은 쉬운 것 같지만 상대를 배려하며 겸손하게 자신을 낮추는 기본자세이기에 결코 쉽지 않은 자세이다. 또한 이기적 인간 본성의 심리는 자기중심적 판단으로 상대의 장점보다는 단점을 먼저 보려는 경향이 있기에 험담하며 상대를 낮추려는 속성이 있다. 누구든지 험담하려는 유혹에 쉽게 빠져드는 것은 함께 험담하는 사람끼리 동류의식을 더 진하게 느끼기 때문이라는 것이다.

유대 경전《미드라시》에는 이런 말이 있다. "남을 헐뜯는 험담은 살인보다도 위험하다. 살인은 살인 대상자 한 사람밖에 죽이지 않으나, 험담은 반드시 세 사람을 죽인다." 곧 험담을 퍼뜨리는 자신과 그것을 말리지 않고 듣고 있는 사람, 그리고 그 험담의 대상이 된 사람이다.

다른 사람의 의견을 경청하고 필요한 때에 상대의 의견에 대해 명확한 지적과 대안을 제시하는 것은 사람을 존중하는 건설적인 의견제시이다. 이러한 비판적인 의견제시는 상대를 유익하게 하며 상대를 살리는 생명의 언어이다. 그러나 상대의 행동과 의견을 비방하거나 비난하는 것은 부정적인 험담과 같다. 특별히 상대를 비난하는 말을 뒤에서 험담으로 퍼뜨리는 일은 가장 피해야 할 일이다. 왜냐하면 세 사람을 죽이기 때문이다.

Lovicher는 사람을 살리는 사람이다. 아이들의 이야기를 들어주고 이해하며 격려하며 의견을 제시하는 사람이다. 서로가 험담하는 것을 막으며 아이들의 숨겨진 장점을 발견하여 널리 칭찬해 주는 일에 앞장 서는 사람이 Lovicher이다.

2022. 10. 11.

사람을 살리는 Lovicher가 되길 소망하며

누가 꼰대인가?

뱀이 살아서 성장하기 위해서는 껍질을 벗어야 한다. 뱀에게 껍질은 한동안 생존의 보호막이기도 하지만, 어느 순간 한계에 이르게 되었을 때 껍질을 벗어나지 못하면 죽음에 이르고 만다. 뱀에게 껍질을 벗어던지는 일은 생존과 성장을 위한 필수 과정이다. 껍질을 벗고 성장하는 일은 뱀에게 국한된 일은 아니다. 모든 존재는 성장과 생존을 위해 결국 자신의 낡은 껍질을 벗어던지는 싸움에서 이겨야 한다. 씨앗의 발아가 그렇고 달걀이 병아리가 되는 부화의 과정이 그러하다.

꼰대는 나이와 상관없이 낡고 퇴화된 생각의 껍질에 갇혀 사는 사람이다. 생각하는 사람은 질문하고 생각이 없는 사람은 해답만 찾으며 헤매다가 결국 껍질 속에서 머물다 죽는다. 뱀이 껍질을 벗어야 성장하듯이 낡고 늙은 생각의 껍질에서 벗어나야 한다.

아이들은 날마다 껍질을 벗기 위해 발버둥 치는 삶의 과정에 있다. 그들의 고통과 노력을 이해하지 못하는 시각을 가진 사람이 꼰대이다. 아이들의 성장 고통을 이해와 연민의 눈으로 보는 눈이 필요하다.

Lovicher는 스스로 날마다 껍질을 벗고 성장하는 사람이다. 아이들을 이해하는 Lovicher는 절대 꼰대가 될 수 없다. 왜냐하면 현실의 한계를 사랑의 힘으로 벗어나기 위해 날마다 노력하는 사람이기 때문이다.

2022. 10. 16.

날마다 낡은 껍질을 벗기 위해 발버둥 치는

Lovicher가 되길 소망하며

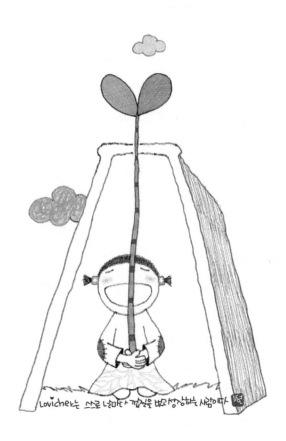

Lovicher는 스스로 날마다 껍질을 벗고 성장하는 사람이다

마스크를 쓰고 출전하는 것은 아무것도 아니다

누가 한 말인지 다 안다. 최근에 손흥민 선수가 부상 후에 월드컵 출전에 대한 논란을 잠재우는 말이다. 그는 "국민들이 2년이나 마스크를 썼는데 내가 마스크를 쓰고 출전하는 것은 아무것도 아니다."라고 했다. 기특한 말이다. 그는 또 "1%의 가능성만 있어도 앞만 보고 가겠다."고 했다. 얼마나 축구팬들에게 기쁨과 희망을 주는 말인가? 축구 선수가 축구 잘하는 것으로 두각을 나타내는 것은 당연하다. 하지만 겸손함으로 팬들에게 최선을 다하는 자세는 더 큰 감동을 준다. 따라서 생각과 말을 통한 겸손한 자세는 누구에게나 필요하다. 특히 가르치는 사람은 자신을 낮추며 배우는 사람인 상대를 높이는 말에 익숙해야 한다.

Lovicher 존경받기 위해 가르치는 사람이 아니다. 학생을 존중하며 그들을 위해 최선을 다해 봉사하는 사람이다. 존경은 억지로 얻어지는 것이 아니다. 내가 상대를 존중하고 배려한 것에 대한 자연적인 반사 현상과 같은 것이다. 겸손과 배려의 삶의 결과로 얻게 되는 것이 Lovicher라는 겸손한 이름이다.

2022. 11. 14.
생각과 말로 겸손을 실천하는 Lovicher가 되길 소망하며

"명발언" "불발언" "오발언"

"상대를 배려하는 뜨거워진 마음이 폭발하여 터져 나온 진심 어린 말을 명발언이라 할 수 있다. 하지만 말했어야 할 때 말 하지 못하고 '이렇게 말했어야 하는데'라고 후회하며 가슴 태우는 말의 뭉텅이를 불발언이라 할 수 있다." (박솔미, 《오래 머금고 뱉는 말》 중에서)

살다 보면 명발언보다 불발언이 더 많다. 왜 그때 똑똑하게 말하지 못했을까?라는 자책으로 말하지 못한 것을 후회를 할 때가 있다. 하지만 정말 살면서 문제가 되는 것은 하지 말아야 할 말을 하는 오발언일 것이다.

살면서 "명발언"만 하며 산다는 것은 어렵다. 하지만 "불발언"보다 "오발언"이 오히려 실수를 줄이는 방법이다. 대부분의 사람들은 명발언보다 상대에게 상처를 남기는 오발언으로 그들의 삶과 세상을 오염시키고 있다. 아이들은 명발언보다 오발언을 더 오래 기억하며 아파한다.

Lovicher는 명발언을 하는 사람이다. 상대를 위해 뜨거운 마음으로 진심을 다해 격려하고 칭찬하는 사람이 Lovicher이다. 날마다 Lovicher의 명발언으로 아이들의 삶이 행복으로 가득 차는 세상이 오길 바라 본다.

2022. 11. 21. 아침에 새벽을 깨우며
날마다 명발언을 하는 Lovicher를 소망하며

Value Teck(가치를 저축하는 것)

사람들은 행복을 위해 나름대로 노력한다. 멋진 차를 사면 한 달이 행복하다고 한다. 그러기 위해 돈을 모은다. 재태크(Money Teck)이다. 건강을 위해 열심히 운동한다. Health Teck이다. 명예를 위해 지위를 계속 추구하는 사람도 있다. Position Teck이다. 하지만 이 모든 것은 새 차를 살 때와 같이 잠시 오는 행복일 뿐이다.

삶에서 가장 오랫동안 지속적으로 뿌듯한 행복을 주는 것은 보람 있고 가치 있는 일들을 계속할 때이다. 이른바 가치를 모으며 저축하며 사는 삶이다. Value Teck이다. 젊은 날에는 사랑과 돈 지위에 매몰되어 진정 중요한 가치(Value)를 놓치고 살기 쉽다. 눈앞의 욕심이 가치를 보는 눈을 가리기 때문이다. 하지만 인생의 전 과정을 생각하면 가치를 위해 사는 것이 가장 지혜로운 삶이다.

Lovicher는 가치롭고 보람 있는 것을 추구하며 사는 사람이다. 우리가 삶의 마지막에 이를 때 가장 행복하게 죽을 수 있는 사람은 그 동안 모아둔 저금통의 돈이 아니라 가치로운 일을 통해 쌓아 놓은 Value의 양과 무게로 결정된다. 하루하루 아이들과의 삶을 통해 보람 있고 가치로운 것들을 모을 수 있는 삶을 살자. 우리처럼 Value Teck를 잘할 수 있는 삶이 어디 있겠는가? Lovicher의 삶이 행복한 것은 Value Teck을 마음껏 할 수 있기 때문일 것이다.

2022. 11. 28. 아침 KTX 안에서

사는 날까지 value를 풍성하게 모으는 Lovicher를 소망하며

인격이 행복의 필수 조건

"사람의 인격이야말로 행복의 필수 조건이라고 생각합니다."

102세 김형석 교수의 말이다. 우리는 흔히 젊었을 때는 돈과 사랑을, 중년이 되면 사회적 성공을, 노년에는 건강과 보람을 행복의 척도라고 생각한다. 그러나 최근에 김형석 교수는 행복의 '조건'으로 개인의 인격, 그중에서도 성실함을 꼽았다. 동감하는 말이다. 가장 지속적인 행복은 성실함에서 오는 성취와 만족감에서 온다.

대한민국을 흥분의 도가니로 몰아넣은 월드컵을 보면서 성실하게 최선을 다하며 겸손하게 동료들을 배려하는 손흥민의 인격에 다시 놀랐다. 이번에 다시 한번 손흥민을 보며 그는 분명 자신의 행동과 평가에 의해 행복하리라 생각한다. 인격이 행복을 결정한다. 그중에서도 성실하게 사는 하루하루가 행복을 축적하는 삶이다. 손흥민을 보며 102세 김형석 교수의 다시 되새겨진다. Lovicher는 인격으로 행복을 누리는 사람이다. 우리가 성실함으로 행복하면 아이들과 자연히 행복을 누리게 될 것이다.

2022. 12. 5. 아침에
성실함으로 행복을 누리는 Lovicher를 소망하며

헤세드 정신으로

히브리어로 '긍휼' '자비'라는 말의 '헤세드'라는 말은 '보상을 바라지 않고 헌신적으로 돕는다'는 뜻이다. 유대인들은 전통적으로 어려운 이웃과 나그네, 고아와 과부들을 보상을 바라지 않고 헌신적으로 돕는 것이 하나님이 뜻으로 생각하며 실천하여 왔다. 이를 헤세드 정신이라 한다. 이러한 헤세드 정신이 오늘날 이스라엘을 세계 최강국의 기술 수준과 군사력 갖게 된 동력이 되었다. 그것은 이스라엘에서 매년 1000개 이상의 스타트업이 탄생하게 하고 실패를 두려워하지 않는 스타트업을 위해 돌봄과 나눔의 헤세드 정신을 발휘하여 국가와 전 세계 유대인이 서로 돕고 지원한다. 현재 이스라엘 스타트업의 수는 7000개가 넘다 보니 이들의 젊은 피를 수혈받기 위해 이스라엘에 세워진 다국적 기업들의 R&D센터가 무려 400개에 달한다. 그 결과는 놀랍게도 세계 최강의 기술 부국을 이루며 세계를 지배하는 능력을 갖게 되었다고 한다.

보상을 바라지 않고 헌신적으로 이웃을 돕는 정신이 모든 사람에게 이로운 결과를 가져온다는 것은 역사적으로 증명된 사실이다. 우리의 가장 가까운 이웃 중의 하나가 가르치는 아이들이다. 여러 가지 모습으로 어려움과 고통 중에 있는 아이들에게 헤세드 정신을 발휘하여 보살피자. Lovicher는 헤세드 정신을 발휘하며 보상을 바라지 않고 헌신적으로 돕는 사람이다. 우리가 그들을 위해 발휘하는 헤세드 정신이 아이들을 구하고 장차 이 나라를 건강하게 발전하는 원동력이 되리라 믿는다.

2022. 12. 12.

헤세드 정신을 발휘하는 Lovicher가 되길 소망하며

Legend는 만들어진다

"반드시 타야 할 기차는 일생에 단 한 번밖에 오지 않는다."

추운 날 아침이다. 새벽에 월드컵을 보았는가? 메시와 음바페의 대결로 보이는 것 같은 숨 막히는 경기였다. 결국 메시가 전설이 되었다. 메시는 어떻게 축구의 전설이 될 수 있었나? 그것은 그의 겸손과 노력, 상대에 대한 배려가 결집된 결과이었다. 호날두와 비교가 되는 부분이다. 전설은 삶의 축적으로 만들어진다. "반드시 타야 할 기차는 일생에 단 한 번밖에 오지 않는다." 메시의 어록에 나오는 말이다. 오늘 새벽 메시가 그 기차를 탔다. 준비한 결과이다.

이 아침 월드컵을 보면서 메시의 위대한 성공이 부럽다. 하지만 우리는 우리의 삶의 자리에서 작지만 가장 위대한 전설을 만들 수 있다. 아이들을 위해 베푸는 정성이 쌓여 가면 언젠가는 Lovicher라고 불리우는 전설을 만들 수 있을 것이다. Lovicher는 전설을 만드는 사람이다. 우리 한 사람 한 사람이 아이들을 이해하고 관심과 배려의 모습으로 달려갈 때 우리를 통해 이 땅의 아이들이 살아나고 Great Lovicher의 꿈이 이루어지리라.

2022. 12. 19.

위대한 전설이 되기 위해 노력하는 Lovicher가 되길 소망하며

사랑을 저축하지 말라

매섭고 추운 날씨이다. 이 한 해도 마지막 한 주를 남기고 있다. 사람들은 더 나은 미래를 위해 돈을 저축하는 일에 매우 익숙하다. 때로는 열심히 저축하는 습관은 자본주의 사회에서 근검절약과 함께 자본의 축적을 위한 긍정적 경제 행위로 칭찬을 받는다. 당연한 논리이다. 하지만 저축의 목적은 결국 목돈으로 효율적인 지출과 투자를 하기 위한 과정이다. 결국 저축은 더 큰 부와 행복을 창조하기 위한 노력이다. 저축만 하고 사용하지 못하면 저축의 가치는 없는 것이다.

돈은 저축을 통해 긍정적 영향을 가져올 수 있다. 하지만 사랑은 저축할 수도 없고 돈을 저축하는 것과 같은 의미가 없다. 돈은 저축하면 모이지만 사랑은 간직한다고 모여지는 것이 아니기에 사랑을 저축한다는 말은 애초에 성립하지 않는 논리이다. 오히려 사랑은 간직하는 것보다 필요할 때 주어야만 더 큰 의미가 있다. 사랑은 마치 샘물과 같아서 무한한 자력 생성의 속성을 가지고 있다. 사랑은 베풀며 사용할수록 스스로 생성되고 채워지는 속성을 가진다. 많이 사용하면 그만큼 많이 채워지는 것이 사랑이다. 사랑은 필요할 때마다 줄 수 있을 만큼 무한정으로 주는 것이 가장 큰 효과와 긍정적 결과를 가져온다.

이 한 해 혹시 주어야 할 사랑은 아직도 주지 못하고 미루어 두거나 저축한 것은 없는지 다시 자신과 주위를 살펴보자. 그리고 지금 당장 사용해 버리자. 꽃다발은 빨리 줄수록 싱싱하고 아름답다. 가지고 있으면 시들고 썩고 만다. 이 한 해를 보내며 가진 사랑을 마음껏 베풀자. Lovicher는 사랑을 저축하지 않는 사람이다. 그들은 날마다 사랑의 꽃다발을 전하는 아름다운 전령자이다.

2022. 12. 26.
사랑은 마음껏 베풀며 사는 Lovicher를 소망하며

IV. 2023년

그리고

외치는 소리

I am Lovicher!

뜻밖의 행운(Serendipity)은 없다

뜻밖의 행운은 없다. 과학적 실험에서 실패를 통한 뜻밖의 발견과 의도하지 않은 발견 등, 운이 좋게 발견한다는 뜻의 Serendipity는 우연의 결과를 행운으로 여기는 단어가 되었다. 플래밍이 발견한 페니실린 곰팡이가 항생제를 만들게 된 행운, 비아그라가 협심증 치료에서 발기부전에 효과가 있는 약으로 사용되어지는 것과 같은 뜻밖의 결과에 의해 주어진 행운을 의미한다.

그러나 실제로 뜻밖의 행운은 없다. 그것은 실패를 통해 축적된 결과로 나타나는 노력의 대가이며 결과적으로 다른 성취를 가져온 것뿐이다. 실패도 성공을 위한 노력의 축적이다. 실패를 두려워하지 않고 노력하며 달려가야 기적처럼 Serendipity를 맛볼 수 있다.

2023년이 시작되었다. 이 한 해『Serendipity는 없다』는 각오로 시작하자. 열심히 노력하는 가운데 교실에서 겪는 수많은 실패의 경험은 실패로 끝나는 게 아니다. 축적된 실패가 가져올 노력의 결과를 기대하자. 아이들은 우리의 노력하는 모습을 보며 뜻밖의 선물을 준비하고 있을지 모른다. 실패를 두려워하지 않고 최선의 노력을 다하는 가운데 기적처럼 맛볼 수 있는 것이 Serendipity이다. 이 한 해 최선을 다하는 가운데 누군가에게 Serendipity가 찾아온다면 그것은 우연이 아니라 노력에 의한 결과적 행운일 것이다. Lovicher는『Serendipity는 없다』는 각오로 노력하며 달리는 자이다.

2023년 새해 첫 월요일 아침에

『Serendipity는 없다』는 각오로 노력하며 달리는 Lovicher를 소망하며

Difference is beautiful and Unique is blessing
(다름은 아름다운 것이고 특이한 것은 축복이다)

　최근 차별 금지법에 대한 논쟁이 뜨겁다. 인간은 기계와 달리 동일한 DNA를 가질 수 없는 창조적 존재다. 따라서 능력에 차이가 나고 서로의 생각이나 취향이 다른 것은 당연하다. 그것은 우리 모두가 창조적 존재이기에 가질 수 있는 특권적인 축복이다. 그럼 점에서 서로 다르다는 것은 아름다운 것이다. 사랑하는 사람이 부부가 되면서 서로의 다름을 인정하고 존중할 때 갈등을 최소화 할 수 있다. 다름의 아름다움을 즐기며 사는 것이 서로에게 행복을 가져올 수 있는 삶의 방법이다.

　재능의 다름을 나타내는 특이점(Unique)은 획일화된 학교교육에서는 종종 문제아로 취급받거나 무시되는 경우가 많다. 남과 다른 특별한 재능을 가진 것은 축복이다. 왜냐하면 특별한 재능은 새로운 일을 개척하거나 남이 할 수 없는 일을 할 수 있는 능력이기 때문이다.

　Unique한 능력을 가졌던 수많은 문제아들이 세상을 바꿀 정도의 개척적인 능력자로 인정을 받았다. 지진아였던 아인슈타인이 위대한 과학자가 된 것은 Unique한 것에 대한 어머니의 믿음 때문이었다. 우리가 잘 알고 있는 스필버그 감독도 어릴 때 외톨이 문제아였다. 스필버그가 뛰어난 영화감독이 될 수 있었던 힘도 상상력과 호기심의 세계로 이끈 부모 덕분이었다. 유대인의 탈무드에는 "자녀를 가르치기 전에 자신의 눈을 가리고 있는 수건부터 풀라."는 말이 있다. 다름과 특이함을 아름답고 축복의 창조적 축복으로 보는 눈을 가지기 위해 우리 눈을 가린 수건을 풀어야 한다. 그래야만 아이들이 숨겨진 재능을 볼 수 있고 인정 할 수 있다.

Lovicher는 눈을 가린 수건을 풀고 아이들의 다름과 특이한 능력을 보는 지혜를 가진 선생님이다. 동시에 우리에게 숨겨진 다름과 재능을 발견하고 새로운 도전을 하는 지혜도 가질 수 있는 사람이다.

2023. 1. 16.
다름과 특이한 능력을 보는 눈을 가진 Lovicher가 되길 소망하며

디드로 효과(diderot effect)

명품을 좋아하는 사람들이 있다. 명품 핸드백을 들고 다니는 사람은 명품시계도 차고 싶고 명품 옷도 입고 싶어 한다. 이를 디드로 효과라고 한다. 18세기 프랑스 철학자 디드로는 친구에게서 고급스러운 가운을 선물 받고 새 가운을 서재에 걸어두었다가 어울리지 않는 낡은 가구들을 하나둘, 나중에는 싹 다 바꾸는 낭비했다는 얘기에서 유래된 말이다. 이런 연쇄 소비를 '디드로 효과(diderot effect)'라고 한다. 새집에 이사하면 어울리는 새 가구를 들이는 것과 같은 이치이다. 예술품이나 한정품을 사려는 '스노브 효과(snob effect)'와 물건값이 오를수록 수요가 오히려 증가하는 '베블런 효과(veble effect)'라는 것도 디드로 효과와 유사한 현상이다.

사람에게도 디드로 효과를 볼 수 있다. 성실함과 같은 명품 인성을 가진 사람은 이에 걸맞는 정직과 근면도 갖추려 한다. 마찬가지로 새벽을 깨우며 목적을 위해 좋은 습관을 가진 사람은 이에 걸맞는 치열한 노력과 성취를 통해 자신을 명품으로 가꾸어 간다.

아이들의 특성에 맞는 적절한 명품을 하나씩 선물하며 그들에게 디드로 효과를 기대하며 격려해 보자. 성실한 노력, 친절한 행동, 기발한 질문, 명쾌한 답변, 부지런함, 인사 잘함, 친구들 잘 돌봄, 수업 중 자세바름 등 주고 싶은 명품을 칭찬과 함께 흔쾌히 주자. 아이들에게 명품을 나누어 주며 이 명품을 차곡차곡 모아 나가며 명품 인성의 아이로 자라는 모습을 보는 사람이 Lovicher이다. 치열하게 아이들의 장점을 발견하여 칭찬하고 명품을 만들어 주자. 이 명품 인성들을 주렁주렁 매달고 사람됨의 모습으로 변해 가는 아이를 보는 행복한 사람이 Great Lovicher의 모습이리라.

2023. 1. 30.

명품 인성을 만드는 Lovicher가 되길 소망하며

새는 날개로 날아가는 것이 아니라 의지로 날아간다

흔히 우리는 '새는 좌우의 날개로 난다'는 말에 쉽게 수긍한다. 왜냐하면 실제로 눈에 보이는 현실을 그대로 표현한 것이기 때문이다. 그러나 본질은 그렇지 않다. 날개가 새를 날게 하는 것 같지만, 새는 날려는 의지와 방향성으로 날아간다. 그 의지를 실현하는 일이 날갯짓일 뿐이고 그것이 우리 눈에 보일 뿐이다. 마찬가지로 '자전거는 좌우의 발로 달린다'는 표현이 어색한 것은 본질은 자전거 타는 사람의 의지에 의해 원하는 방향으로 달려가기 때문이다. 사람들은 추상적인 본질은 눈에는 잘 보이지 않기에 눈에 보이는 현상을 보고 편견과 오류에 머물러 있을 수 있다.

우리가 학교에서 만나는 아이들은 이해할 수 없는 행동으로 우리를 놀라게 한다. 때로는 폭력과 폭언으로, 반항과 거부의 몸짓으로 저항한다. 그들의 행동과 일탈만을 보고 그들을 간단하게 판단하는 우리의 편견과 오류를 생각해 보아야 한다. 본질은 그들이 어딘가 병이 들어서 아프다는 것이다. 그 아픔을 진단하고 치유하는 것이 본질이다. Lovicher는 눈에 보이는 현상에 머무르지 않고 눈이 보이지 않는 본질을 보는 지혜로운 선생님이다. 아픔을 치유하는 사람이다.

2023. 2. 6.

본질을 보는 지혜로운 Lovicher가 되길 소망하며

안코라 임파로(Ancora imparo) - 나는 아직 배우고 있다

안코라 임파로(Ancora imparo)는 '나는 아직 배우고 있다'라는 뜻의 라틴어이다. 그 유명한 로마의 시스틴 성당의 천정화에 미켈란젤로가 이 글을 새길 때 그의 나이는 87세였다.

지난 코로나 기간 중 나는 학위과정인 외국인을 위한 한국어교사 자격을 취득하기 위해 2년간 공부했다. 코로나의 행운(?) 때문에 교생실습도 온라인 수업으로 했기에 그런대로 내 집 연구실에서 편리하게 자격증을 취득할 수 있었다. 이번에 네팔에 한국어를 가르치러 갈 때 이 자격증을 가져간다. 배움에 나이가 없고 끝이 없다. 87세의 미켈란젤로에 비하면 아직도 젊기 때문이다.

최근에 영국의 케임브리지대학의 최연소 교수로 임용된 제이슨 아데아의 성공적인 배움의 기사를 공유한다. 자폐 스펙트럼 장애로 18세까지 글을 읽거나 쓸 수 없는 '문맹'이었던 영국의 한 남성이 세계적 명문대 케임브리지대학의 최연소 흑인 교수가 됐다. 배움의 무서운 힘과 기적은 삶을 풍요롭게 하고 새로운 도전을 가능하게 한다.

Lovicher는 아직도 배움에 목말라하는 사람이다. 우리가 만나는 아이들은 의무적으로 배우는 학생의 삶을 살고 있지만 이들에게 스스로 배움의 희열에 빠져들 수 있도록 안내하는 노력이 필요하다. 그러기 위해서 무엇보다 가르치는 우리가 먼저 배움에 목말라하는 본을 보일 때 그들도 배움의 희열에 빠져들게 될 것이다. 배움에 목말라 하자. 그리고 "안코라 임파로!"를 외치며 배움의 삶을 살아가자. 우리의 안코라 임파로(Ancora imparo) 모습은 습기에 피어나는 곰팡이처럼 아이들에게 소리 없이 스며들며 서서히 번져 나가리라 생각한다.

2023. 2. 27.

안토라 임파로를 외치는 Lovicher가 되길 소망하며

Here에서 Hear를 하는 사람이 가장 매력적이다

힘들어하는 사람에게 할 수 있는 최대의 선물은 그 사람의 이야기를 끝까지 들어주는 것(Hear)이다. 말을 잘하는 것보다 남의 말을 잘 듣고 공감하는 것은 매력 자본을 축적하는 비결이다.

동시에 남의 말을 잘 듣고 공감하기 위해서는 그 사람이 있는 이곳, 즉, 여기에(Here) 있어야 한다. 상대의 말을 잘 듣고 공감하는 것은 결코 쉬운 일 아니다. 그것은 항상 상대와 공감할 수 있는 곳에서(Here) 기다리며 상대의 말을 들어주어야(Hear) 하기 때문이다.

가르치는 우리는 늘 아이들에게 우리의 이야기를 듣고 따라주길 바라는 속성에 젖어 있다. 하지만 우리가 그들의 곁에 다가가서 그들의 진솔한 이야기를 들을 수 있다면 가장 매력적인 Lovicher가 될 수 있을 것이다. 인내하며 그들의 마음의 소리에 귀를 기울이자. 그러기 위해 가까이 다가가야 한다. 우리가 마음의 귀를 열면 그들이 속으로 울부짖는 마음의 외침을 들을 수 있지 않을까?

Lovicher는 Here에서 Hear할 수 있는 사람이다. Lovicher는 마음의 귀를 열고 마음의 소리를 들을 수 있는 사람이다. 마음의 귀는 사랑으로 열리기 때문이다. 아이들이 있는 여기(Here)에서 들어주기(Hear) 위해 나의 위치를 다시 살펴보고 사랑으로 마음을 귀를 열고 그들의 외침을 들을 수 있는 Lovicher가 되자.

2023. 3. 13. 네팔에서 첫 수업을 시작하는 날 아침에

아이들이 있는 곳(Here)에서 Hear할 수 있는

Lovicher가 되길 소망하며

승화(sublimation)의 법칙을 활용하는 삶

승화는 고체가 액체 단계를 거치지 않고 곧바로 기체로 바뀌는 현상을 일컫는 물리학과 화학의 용어이다. 동시에 정신분석학인 관점에서 자기방어 기제의 하나로 사회적으로 인정되지 않는 충동이나 욕구를 예술이나 종교활동 등을 통해 가치 있는 일로 치환하여 충족하는 것으로 정의하고 있다.

청소년기에 성적 충동이나 사춘기의 욕구 불만에 의한 폭력적 행동 등이 음악을 하거나 스포츠 활동, 종교활동 등에 의해 바람직한 정신적 안정상태로 치환되는 것을 승화라고 할 수 있다. 좀 더 확대하면 인간의 부정적인 감정이나 이성적인 내면의 요소가 긍정적인 생각이나 활동으로 변화하는 심리적 움직임을 '승화(sublimation)'라고 할 수 있다.

우리의 삶 속에서는 분노, 증오, 질투와 같은 부정적인 감정을 유발하는 수많은 일들이 날마다 산재해 있다. 삶 속에서의 고체와 같이 깨어지지 않는 부정적인 것들을 단번에 기체로 날려 버리면 얼마나 좋을까? 이를 위해 예술적 활동을 하거나 스포츠, 혹은 종교적 활동을 하는 것은 당연히 도움이 된다. 그러나 더 근원적인 해결 방법은 부정적인 감정을 선택하지 않도록 노력함으로 치환의 과정에서 자유를 누리는 것이다. 그러한 자유는 모든 부정적인 감정이 사랑으로 승화되어 나타날 때 가능하다.

Lovicher는 부정적인 감정에서 자유함을 얻기 위해 노력하는 삶을 사는 사람이다. 우리가 만나는 아이들 중에는 욕구불만과 충동, 불안정한 정신상태에 머물러 승화를 위해 몸부림을 치고 있는 아이들이 있다. 그들에게 부정적 감정을 승화시키기 위한 동기를 제공하고 승화의 과정을 지켜보며 격려하는 Lovicher가 되자. 먼저 우리가 부정적인 감정의 노예에서 벗어나는 자유인이 될 때 그들의 승화를 도와줄 수 있으리라.

2023. 3. 20. 네팔의 포카라에서
날마다 승화하는 삶을 사는 Lovicher가 되길 소망하며

날마다 날화하는 승화를 사는 Lovicher 가되길~~

"몸과 마음을 다하여 될 때까지"

얼마 전 한국예술종합학교(한예종)의 김남윤 명예교수가 별세했다. 고인은 습관처럼 "제자들을 가르치다가 죽을 수 있다면 소원이 없을 것."이라고 했다 한다. 자신의 다짐처럼 혈액암 투병 중에도 휠체어를 타고 나와서 제자들의 연주를 보고 가르쳤다. 오늘날 세계적인 스타 연주자를 배출한 한예종은 김남윤 교수를 대표적인 공로자 중 한 사람으로 지적한다.

고인의 추도식이 시작되기 전부터 눈물바다로 시작하여 생전 고인의 일화가 소개될 적마다 울음소리는 더욱 커졌다. 그중 가장 사람들의 시선을 끈 것은 생전에 제자들을 가르치며 외치던 "몸과 마음을 다하여 될 때까지."라는 플래카드였다고 한다.

"몸과 마음을 다하여 될 때까지."는 죽을 때까지 최선을 다한다는 말의 다른 표현이지만 한편으로 될 때까지 포기하지 않는 끈기를 강조한 말이다. 포기하지 않고 몸과 마음을 다하여 될 때까지 최선을 다하는 모습은 반드시 사람들에게 감동을 줄 것이다.

아이들에게 될 때까지 최선을 다해보라고 권유할 수는 있지만 강요할 수는 없다. 하지만 몸과 마음을 다하여 최선을 다하는 자세를 길러주는 것은 중요하다. Lovicher는 몸과 마음을 다하여 될 때까지 아이들을 배려하고 사랑하는 사람이다. 아이들을 위해 몸과 마음을 다하는 것도 어렵지만 끝까지 포기하지 않는 것은 더 어려운 일이다. 하지만 Lovicher는 그 어렵고 힘든 그 길을 가기로 길을 나선 사람이다. 그리고 그 길을 끝까지 달려가는 사람이다.

2023. 3. 27.

몸과 마음을 다하여 될 때까지 달려가는 Lovicher가 되길 소망하며

3월이 지나면

학교에서는 가장 길고 힘든 3월이 지나고 4월이 왔다. 3월에는 아이들도 긴장하며 적응하기 위해 노력하는 힘든 시간이다. 3월이 지나면 한 학기의 반을 보낸 것과 마찬가지이다.

계획을 하면서 꿈을 꾸며 바라고 있었지만 예상외로 네팔에서의 삶이 보람 있고 행복하다. 생활여건은 불편하지만 원하던 일을 마음껏 할수 있는 기회를 가진 것에 감사한다. 이 글을 쓰고 있는 일요일 이른 아침에 창밖에는 안나푸르나와 마차푸차레가 보이고 햇빛 찬란한 포카라근교의 시골 풍경에 그림처럼 펼쳐져 있다.

새벽 6시부터 첫 수업이기에 4시 30분에 일어나 준비하여 아침 먹고 나간다. 새벽 5시부터 먼 곳에서 50분 동안 걸어서 오는 마야와 뿌스파라는 두 여학생이 있고 45분 동안 오토바이를 타고 오는 쇼팔이라는 시골 청년도 있다. 그들의 눈빛을 보며 "Don't be afraid! 우리는 할 수 있다!"를 외치는 내가 그들의 눈에 어떻게 보일까 궁금하지만 그들의 눈빛이 점차 빛을 발하는 것을 보면 나의 열정이 그들에게 전해지고 있음을 느낀다.

그들은 한국어를 배워서 한국에 노동자로 오는 것이 꿈이다. 농장에서 돼지우리의 분뇨를 치우든지 공장에서 힘들고 위험한 일을 하든지 그들은 한국에 가는 것이 꿈이고 성공이기에 새벽을 깨우며 열심히 공부하고 있다. 그리고 나의 입을 보며 병아리처럼 쫑알거리며 따라 한다. 그들을 보면 나도 모르게 혼신의 힘을 쏟아부을 수밖에 없다. 상급반 중급반 하급반 전체 약 50여 명의 이름을 다 외우고 매 수업 시간마다 몇 번씩 이름을 불러 가며 가르치고 또 가르친다. 3시간의 수업을 마치면 몸은 지치지만 힘든 가운에서도 보람으로 가득 찬 감사의 마음이 솟아난다. Lovicher 동지들에게 이러한 마음을 전할 수 있다는 것도 너무나 감사하다.

4월 한 달도 우리가 가르치는 아이들의 눈이 빛날 수 있도록 다시 한번 심호흡을 하고 시작하자. 우리 모두 다시 한번 Lovicher 마음을 다지며 나아가자. 나도 구두끈을 더 단단히 매고 남은 날들을 위해 최선을 다하리라.

4. 3.
4월에 더 행복하게 아이들을 가르치는 Lovicher를 소망하며

뿌리를 다 심지 마라

내가 사는 네팔의 집에는 작은 채마밭이 있다. 며칠 전 밤에 거친 비와 우박이 쏟아지고 나서 채마밭의 상추와 아욱 그리고 열무가 형편없이 잎에 구멍이 나고 쓰러졌다. 아쉬움과 연민의 마음으로 걱정하는 아내를 보며 나 역시 안쓰러운 마음을 감출 수 없었다. 하지만 이곳의 네팔 사람들은 담담했다. 때로는 자동차 유리창을 깨트릴 만큼의 큰 우박도 경험하며 사는 사람들이라 오히려 이 정도는 아무것도 아니라고 했다. 자연의 자생력과 회복력을 믿기 때문이리라.

그런데 며칠이 지난 오늘 아침 유심히 채마밭을 보면서 놀랍게도 다시 꼿꼿하게 서서 자라는 열무를 보며 감사했다. 비바람과 폭풍을 견딘 화초가 온실 속의 화초보다 강인하다는 평범한 양육의 원리를 보며 농부의 지혜를 생각한다. 지혜로운 농부는 모종을 옮겨 심을 때 적당히 어설프게 심는다고 한다. 스스로의 힘으로 뿌리를 잘 내릴 수 있도록 기회를 주는 것이다.

때로는 우리에게도 닥치는 폭풍우가 있을 수 있다. 하지만 이길 수 있는 힘은 뿌리를 스스로 내리고 버틴 자생력에 의해 좌우된다. 아이들을 가르칠 때 뿌리를 온전히 다 심어주지 말자. 스스로의 힘으로 뿌리 내릴 수 있도록 적당하게 기회를 주는 지혜가 필요하다. Lovicher는 지혜로운 농부의 파종 원리를 실천하는 사람이다.

2023. 4. 10.

자생력을 키워 주는 Lovicher를 소망하며

즐거운 실패에 빠져드는 삶

게임은 중독성이 강하다. 한번 시작하면 무아지경에 빠져들기 쉽다. 그것은 게임의 본질이 즐거운 실패를 전제로 하기 때문이다. 모든 게임이 그렇듯이 쉽게 성공하면 재미가 없다. 세계적으로 성공을 거둔 게임들의 공통점은 얼마나 흥미진진하게 실패하며 이를 극복하느냐에 달렸다. 실패를 반복하지만 실패의 과정을 통해 점차 성공의 확률을 늘여가는 쾌감에 빠져드는 것이다.

게임에 중독되듯이 삶에서 실패의 즐거움에 빠져들 수 있는 생활 습관을 만들어 나가는 것이 필요하다. 「하루에 10개 영어 단어와 문장 외우기, 하루 1시간 수학 문제 풀기, 농구 슛 확률 높이기, 한 달에 책 한권 읽기 이러한 것들을 게임처럼 실패의 즐거움」과 같은 연장선에 두면 어떨까? 하루 10개의 영어 단어를 외우는 것에 실패해도 게임처럼 즐겁게 다시 시작하여 점차 성공의 확률을 높여 가면 어떨까? 실패하면서 즐겁게 다시 시작하는 게임처럼 말이다.

아이들은 게임에 빠지듯이 학교생활에서 실패의 즐거움에 빠져들 수 있을까? 실패가 끝이 아니라 새로운 시작을 위한 과정임을 알고 실패를 자연스럽게 받아들이고 즐거운 마음으로 다시 시작할 수 있다면 실패의 즐거움을 누리는 것이다.

Lovicher는 실패의 즐거움을 삶으로 누리는 사람이다. 이번 한 주간도 우리는 실패를 거듭하는 아이들을 가르치며 우리 또한 가르침에서 실패하는 많은 순간들을 거치겠지만 그 가운데 즐거움을 누리며 다시 시작하는 중독성에 빠져들자. 그리하면 결국에는 이기는 날이 올 것이다.

2023. 4. 17.
실패의 즐거움을 누리는 Lovicher가 되길 소망하며

"Nothing is impossible"

"불가능은 없다." 네팔의 영웅 님스 푸르자의 말이다. 7개월 만에 8000m 이상의 14좌를 등정하여 세계를 놀라게 한 네팔의 영웅이다. 이곳 네팔에서는 힌두력을 사용하기에 4월에 새해가 시작된다. 새해 휴가를 이용하여 지난주 ABC(Annapurna Base Camp)를 다녀와 다시 한번 그의 일대기를 살펴보았다. 초인적인 능력과 의지의 사나이였다. 네팔의 용맹과 도전정신이 삶을 지배한 사람이다. 그는 네팔의 많은 젊은 청년들이 꿈꾸는 구르카 용병 출신이다. 영국에서 군인으로 복무하는 구르카 용병의 꿈을 이루지 못한 젊은이들이 두 번째로 선호하는 일이 한국에서 노동자로 돈을 버는 일이다. 그래서 한국어 공부를 하고 EPS-Topic 시험의 치열한 경쟁에 뛰어드는 것이다.

네팔의 학생들에게 이번에 내가 다녀온 ABC 사진과 함께 님스 푸르자의 이야기를 할 생각이다. 그들에게도 님스 푸르자의 피가 흐르고 있을 것이기에 그들에게 꿈을 위해 도전하며 최선을 다해 꿈을 이루어 나갈 수 있는 자극을 주려 한다.

"Nothing is impossible."

그들도 님스 푸르자의 이 주문을 외우며 열심히 한국어 공부를 한다면 Korean Dream의 꿈을 이룰 수 있을 것이다.

목숨을 걸고 도전하며 실천한 님스 푸르자의 삶의 모습을 통해 Lovicher 정신을 생각해 본다. 학교는 점점 인간성이 메말라 삭막해져 가고 교실은 때로는 공격과 수비의 장면이 연출되는 전쟁터 같은 곳이지만 Lovicher에게 결코 불가능은 없다. 오직 Lovicher 정신만이 교실의 어려운 문제를 헤쳐 나가며 고지를 정복할 수 있으리라 생각한다. 다시 한번 각오를 다지며 Lovicher 정신으로 불가능에 도전하며 달려가자.

2023. 5. 1.

Nothing is impossible의 정신으로 달려가는 Lovicher를 소망하며

Setting을 1°만 바꾸면 종착지가 달라진다

한국에서 미국을 향해 출발한 배가 키를 1°만 오른쪽으로 바꾸어 놓으면 남미의 브라질로 갈 수 있다. 1°의 방향 전환이 시간이 지날수록 큰 격차를 보여 주는 것이다. Setting을 1°만 바꾸면 종착지가 달라진다. 삶에서도 마찬가지이다. 작지만 방향을 바꿀 수 있는 지속적인 실천은 시간이 지나면 큰 결과를 가져올 수 있다. 삶에서 1°라도 방향을 바꾸어야 하는 일이 있다. 그 1°가 중요하다. 그리고 계속하면 종착지가 달라진다. 인생이 달라진다.

매일 아침 10분간 하루의 계획을 묵상하는 시간을 갖자. 10분의 묵상 시간을 투자하지 않는 것에 비해 이것은 1°를 바꾸는 일이다. 아침마다 10분의 시간을 꿈을 위해 묵상하고 계획하는 삶은 결국은 종착역을 바꾸어 놓을 수 있다.

Lovicher는 종착역을 생각하며 키를 1° 옮기는 사람이다. 지금부터 1°를 옮기면 10년 20년 후에 엄청난 변화가 기다리고 있을 것이다. 아이들을 위해 해야 할 일을 생각하며 아이들이 가야 할 방향으로 키를 1° 옮기는 하루하루를 보내는 사람이 진정한 Lovicher이다.

2023. 5. 8. 아침에
종착역을 향해 키를 1° 옮기는 Lovicher를 소망하며

가장 큰 것으로 나누는 우리는 행복하다

지난 금요일 이곳 포카라에서 멀지 않은 곳에 가난한 채석장 마을의 학교와 그곳의 방과 후 돌봄학교, 그리고 어려운 가정을 방문하여 돕는 일을 하였다. 생계를 위해 강가의 돌을 주워서 나르는 일을 하는 가난한 동네의 학생들이 학용품을(노트, 필통 속에 지우개, 연필, 볼펜) 받고서 행복해하는 모습을 보며 더 많이 주지 못해서 안타까웠다. 병들고 먹을 것 없는 어려운 집을 방문해서 쌀과 옥수수기름, 밀가루를 나누어 주면서 1960년대 한국의 가난했던 모습을 연상하며 마음이 짠했다.

나누며 사는 삶이 행복하다. 보잘것없지만 가진 재능, 적지만 나눌 수 있는 재물, 나누어 줄 수 있는 마음을 가진 것에 감사한다. 무엇보다 우리의 가슴속에 무한정으로 쌓여 있는 사랑을 마음껏 나누어 줄 수 있는 사람이 가장 행복하다. 사랑이 무엇보다 가장 큰 것이기에 우리 Lovicher는 가장 행복한 사람이다.

사는 날까지 가진 것 나눌 수 있는 사람으로 살아가는 Lovicher가 되길 소망하며 오늘 스승의 날에도 받기보다 줄 수 있는 행복한 날이 되길 소망한다.

2023. 5. 15.
가장 행복한 스승의 날을 보내는 Lovicher가 되길 소망하며

디폴트 세팅(default setting: 초기 설정)을 점검

핸드폰의 초기 설정을 어떻게 하느냐에 따라 핸드폰의 기능이 결정된다. 핸드폰의 기능을 바꾸기 위해서는 디폴트 세팅을 다시 조정해야 한다. 초기 설정의 기능 중 필요 없는 기능을 끄거나 새로 필요한 기능을 추가하면 된다. 기본적인 초기 설정에만 의존하면 새로운 기능을 효율적으로 활용할 수 없다. 상황에 따라 새로운 기능을 추가하며 사용할 때 효용성이 증대된다.

디폴트 세팅(초기 설정) 상태에 그대로 머물러 있으면 새로운 기능을 사용할 수 없듯이 우리의 삶에서도 디폴트 세팅을 수정하지 않고는 다른 일을 할 수 없다. 새로운 계획을 세우고 실행에 옮기기 위해서는 디폴트 세팅 상태를 점검하고 기능을 추가하여야 한다.

이제 학기 중반을 넘어서 학기 말을 향해 달려가고 있다. 학기를 시작하면서 초기 설정된 것들이 어떠한 결과로 나타나는지 확인하고 다시 새로운 기능을 세팅할지 생각해 볼 시점이다. 특별히 아이들을 위한 학기 초 계획이 어떤 결과를 가져왔는지 확인하고 성공적인 학기 말을 위해 초기 세팅을 점검하고 기존의 기능 삭제와 새로운 기능 추가를 고려해 볼 필요가 있다. Lovicher는 아이들을 위해 학기 초 default setting을 점검하며 수정과 보완을 해 나갈 수 있는 지혜로운 능력의 소유자이다.

2023. 5. 22.

디폴트 세팅을 점검하는 Lovicher가 되길 소망하며

말(馬)을 타듯이 챗 GPT에 올라타면

사람이 말(馬)과 달리기를 하면 이길 수 없다. 말(馬)이 사람보다 빠르기 때문이다. 이어령 선생님은 사람이 말을 이길 수 있는 유일한 방법은 말의 등에 올라타는 것이라고 했다. 챗 GPT가 등장하면서 인공지능이 상상을 초월할 정도로 사람의 지적 능력을 능가한다. 웬만한 문제는 인공지능이 몇 초 만에 답을 내어놓기에 앞으로 인공지능이 인간을 지배할 수도 있다는 우울한 전망도 있다.

하지만 말(馬)과 달리기에 이기려면 말에 올라타면 되듯이 챗 GPT와 같은 인공지능을 말에 올라타듯이 조정하는 능력을 가지면 된다. 그 능력의 핵심은 인공지능에게 묻는 능력과 답을 얻은 다음 인공지능의 답을 판단하는 능력을 기르는 것이다. 말을 다루는 능력으로 말을 이용하는 것과 같은 이치이다.

세상은 변한다. 학교에서 인공지능이 본격적으로 도입되면 가르치는 방법과 내용이 획기적으로 변화할 날이 올 것이며 말에 올라타듯이 인공지능에 올라타는 법을 가르쳐야 할 것이다. 하지만 더 중요한 것은 인공지능이 할 수 없는 올바른 인성을 길러주는 일이다. 인공지능 시대가 본격적으로 도래하면 오히려 사람을 위한 가르침이 더욱 중요하게 여겨질 수 있다. Lovicher는 말을 타고 달릴 수 있는 것처럼 인공지능에 올라타서 사람다운 사람을 기르는 사람이다.

2023. 5. 29.

인공지능에 자연스럽게 올라타는 사람을 생각하는

Lovicher가 되길 소망하며

자연스러움의 경지가 프로다

프로는 하는 모습이 자연스럽고 쉽게 보인다. 최상의 가수는 노래를 쉽게 부르며 소리 내는 것이 자연스럽다. 최상의 운동선수 역시 동작이 자연스럽고 쉽다. 백조는 우아하게 물 위에 떠 있지만 실제로 물 밑에서 쉴 새 없이 발을 움직여야 한다. 마찬가지로 프로가 자연스러운 동작을 쉽게 하기 위해서는 피나는 노력과 인내의 시간을 가져야 한다. 우아한 백조처럼 끊임없이 노력해야 프로다. 시간이 프로를 만드는 것이 아니다. 노력하는 인내의 시간이 프로를 결정한다.

프로는 쉽게 가르친다. 그는 초보자로 시작해 피나는 노력과 수많은 시행착오와 인내의 터널을 통과했기 때문이다. 그래서 상대가 누구이든지 수준에 맞추어 쉽게 가르칠 수 있다. 환경과 조건을 탓하면 이미 프로가 아니다. 그는 아마추어에 불과하다. 아마추어는 모든 일이 서투르고 부자연스럽다. 프로는 그렇지 않다. 그는 이미 아마추어의 미숙한 과정을 인내하며 통과하였기 때문이다.

Lovicher는 프로다. 환경과 조건을 탓하지 않듯이 교육환경과 아이들을 탓하지 않는다. 누구에게나 관심과 배려로 품에 안을 수 있는 사람이 Lovicher이다. 쉽고 자연스럽게 가르치기 위해 끊임없이 인내하며 노력하는 프로정신의 실천자가 Lovicher이다.

2023. 6. 5.

자연스러움의 경지에 이르는 Lovicher를 소망하며

다시 시작을 생각한다

네팔에서의 3개월은 정말 보람 있고 뜻깊은 나날이었다. Lovicher의 이름으로 돕고 나누며 진실된 마음으로 최선을 다하여 가르치며 노력한 나날이었다.

한국에서 다시 만나는 꿈을 얘기하며 마지막 수업을 마치는 순간에 아이들이 나에게 보여 준 반응을 잊을 수가 없다. 다 같이 몰려와서 예상하지 못한 선물을 주고 사진을 찍고 감사와 사랑의 표시를 해 주었다. 전혀 예상하지 못한 일이었고 마지막에 내 차가 떠날 때까지 손을 흔드는 그들을 보며 눈시울을 적실 수밖에 없었다. 순수한 진심은 마음으로 느껴지는 것이다.

'아디'라는 이름의 학생이 나에게 물었다. "그럼 선생님의 꿈은 뭐예요?" 난 0.1초도 망설임 없이 대답했다. "Great Lovicher가 되는 것입니다." 이제 네팔의 포카라에도 Lovicher의 이름이 점차 알려지기 시작했다. 정말 감사하다. 그들에게 준 것보다 받은 사랑이 더 많기에 분에 넘치는 복을 받았다고 생각한다. 돌아가서 동지들을 반갑게 만날 생각을 하며 카트만두에서 글을 올린다.

2023. 6. 12.
주는 행복으로 살아갈 Lovicher를 소망하며

페카토 모르탈레(Peccato Mortale) - 용서받지 못할 죄

잘못을 저지르면 처벌을 받는 것이 세상의 이치이고 용서는 종교적 차원의 시혜이다. 그럼에도 용서받지 못할 대죄(大罪)는 무엇일까? 《로마인 이야기》로 유명한 시오노 나나미는 그의 소설에서 소금과 생선밖에 없던 베네치아 공화국이 천 년 동안 번성할 수 있었던 비결로 '페카토 모르탈레(Peccato Mortale)'를 들었다. '용서받지 못할 죄'로 번역되는 이 라틴어는 베네치아 공화국이 엄벌한 '대죄'를 뜻한다. 그 죄는 첫째 공직자가 예산을 낭비하는 것이고 둘째는 기업가가 이윤을 남기지 못하는 것이었다.

공직자는 정직의 윤리를 지키고 일반인은 맡은 직분에서 최선을 다해 공동체에 기여하라는 것이었다. 그것을 어기는 것은 용서받지 못할 죄이었다. 베네치아에서 용서받지 못할 죄가 공직자에게는 예산을 낭비하며 공익을 해치는 것이고 기업가와 상인은 최선을 다해 이윤을 남기지 못하는 것이라면 선생님의 페카토 모르탈레(Peccato Mortale)는 무엇일까? 그것은 학생들을 사랑하지 못하여 학생들에게 존경받지 못하는 것이 아닐까? 잘 가르치는 것도 중요하지만 사랑하지 못하여 존경받지 못하면 용서받지 못할 죄를 저지르는 것이 될 수 있다.

Lovicher는 아이들에게 존경받는 사람이다. 그것은 아이들을 사랑하며 최선을 다해 배려하고 희생하는 것에 대한 필연적인 반사 작용이다.

Lovicher는 사랑으로 존경의 반사 작용을 받을 수 있는 사람이다.

2023. 6. 26.

페카토 모르탈레(Peccato Mortale)를 생각하는

Lovicher가 되길 소망하며

호박벌의 날갯짓

호박벌은 태생적으로 슬픈 사연을 가지고 있다. 몸통은 크고 뚱뚱한데 비해 그의 날개는 너무도 작고 볼품없는 신체 구조를 가지고 있기 때문이다. 생각한 대로 몸이 따라주지 않을 때 호박벌의 고달픈 심정을 이해할 수 있다.

전문가들은 기체역학 이론상 호박벌의 작은 날개는 충분한 양력(물체가 뜨는 힘)을 받을 수 없기에 날기는커녕 이론상 떠 있는 것조차 불가능할 정도라고 했다. 하지만 호박벌은 이 불가능한 날개로 하루 평균 수천 리를 날아다닌다. 이유는 꿀을 잘 채취하겠다는 목표 의식 때문에 「초당 250회」의 날갯짓으로 날개 안쪽의 근육을 발달시켜 왔기 때문이다. 날개는 볼품없지만 분명한 목적의식이 있기에 이를 위해 부지런한 날갯짓으로 불가능을 극복한 것이다.

아이들이 자신의 태생적 한계를 앞세우며 어려워하거나 포기하려고 할 때 호박벌의 슬픈 사연을 들려주며 격려해 주자. 먼저 분명한 목표를 정하고 끊임없이 노력하면 반드시 수천 리를 날 수 있는 호박벌과 같은 기적을 이룰 수 있음을 들려주자. 우리가 처한 교실의 상황이 호박벌이 가진 태생적 한계에 머물러 있을지라도 Lovicher는 호박벌과 같은 사랑의 날갯짓으로 한계를 극복하는 사람이다. 그리고 이를 삶으로 보여 주는 사람이다.

Lovicher

2023. 7. 1.

호박벌과 같은 날갯짓으로 불가능을 극복하는

Lovicher가 되길 소망하며

모소 대나무

　모소 대나무는 잘 자라지 않는 대나무로 알려져 있다. 그것은 모소 대나무가 처음 4년 동안 고작 3㎝ 정도 자라는 것을 보고 잘못 판단한 것이다. 모소 대나무는 4년이 지나고 5년째부터 6주 만에 15m까지 키가 자란다. 처음 4년은 눈에 보이지 않는 땅속의 뿌리를 내리는 시간이기 때문이다. 긴 4년 동안 뿌리를 내리면 6주 만에 15m 정도 자라는 놀라운 성장의 모습을 보인다.

　흔히 우리는 모소 소나무가 뿌리를 내리는 4년을 보지 못하고 실패로 오인하기 쉽다. 그것은 4년 후에 다가올 폭풍 성장의 시간을 기다리지 못하고 미리 포기하는 어리석음과 같은 것이다. 모소 대나무가 뿌리 내리는 4년이 없다면 15m의 성장도 없기에 눈에 보이지 않지만 결실을 위해 기초를 다지며 준비하는 절대 시간이 필요하다.

　Lovicher는 뿌리 내리는 모소 대나무의 4년을 보는 눈과 기다림의 지혜를 가진 사람이다. 아이들의 폭풍 성장의 날을 기대하며 기다리고 인내하며 지켜보아 주는 눈을 가진 사람이 Lovicher이다. 지금 3㎝에 머물러 있는 싹을 보면서 아이의 내재적 능력이 자라고 있음을 보는 눈으로 격려하고 용기를 주는 사람이 Lovicher이다.

2023. 7. 10.

모소 대나무의 4년을 지켜보는 지혜를 가진 Lovicher가 되길 소망하며

I am
Lovicher!

ⓒ 김진한, 2024

초판 1쇄 발행 2024년 1월 31일

지은이	김진한
펴낸이	이기봉
편집	좋은땅 편집팀
펴낸곳	도서출판 좋은땅
주소	서울특별시 마포구 양화로12길 26 지월드빌딩 (서교동 395-7)
전화	02)374-8616~7
팩스	02)374-8614
이메일	gworldbook@naver.com
홈페이지	www.g-world.co.kr

ISBN 979-11-388-2746-1 (03190)